基于互动范式的汉语评价立场标记研究

张田田　著

学林出版社

本书受"教育部人文社会科学研究青年项目"资助。

序

　　语言是人类最重要的交际工具,但人类在使用语言这一交际工具时,从来都不是仅仅把语言作为"工具"来看待的,人们在使用语言进行交际时,无论是选词,还是造句,抑或谋篇布局,总是带有语言使用者的主观性,体现交际者的立场、态度和情感,其中"评价"是语言主观性的重要体现。随着互动语言学的兴起,"评价"在话语建构中的重要作用进一步得到重视,也成为近期汉语语法研究的热点之一。"评价"涉及到对所言或所写的信息内容的情感倾向和评价表达,是立场意义的核心所在。从语言本体出发,能够实现评价的手段不少,其中从立场标记角度来建立汉语评价价值的系统框架无疑是非常重要的。

　　张田田博士的专著《基于互动范式的汉语评价立场标记研究》正是基于互动语言学范式,结合篇章语法、会话分析、语法化和词汇化、主观性和主观化、语用移情等相关理论对汉语评价立场标记加以系统研究。本书从负面评价和正面评价两个不同角度选取了具有代表性的负面立场标记和正面立场标记,对它们的生成轨迹、演变过程以及在具体语境下立场功能的浮现都进行了细致研究,从而依据汉语语法事实,建立了汉语评价立场标记研究的理论体系。通读此书,我们感到它有以下值得肯定的地方:

　　1. 对现有的理论、研究成果不是简单的套用,而是在大量汉语语料的基础上进行深入考察,从互动语言学角度试图构建起汉语评价立场标记研究的总体框架。本书将汉语的立场标记分为负面评价立场标记和正面评价立场标记。书中归纳的典型的负面评价立场标记有:"岂止呢""哪能呢""何必呢""何苦呢""说什么呢"等"X呢"式,另外还有由"否定成分"和极小量成分构成的立场标记,如"少来""难说""万一(呢)"等;典型正面评价立场标记有:"可不是""难怪""果然"等等。并认为负面评价立场标记的关注度高于正面评价立场标记。

　　2. 深入细致考察了两类评价立场标记的构成成分、句法特征和语义倾向,聚焦其会话模式的建立和元语用功能的分析,探析其演变过程、生成动因和机制,分析其立场表达功能在具体语境中的意义浮现,总结出一定的规律和共性。

3. 分析问题立足于对语言事实的细致考察。本书在综合分析评价前人时贤的研究文献基础上,采用统计法、比较法、演绎归纳法、实证法等研究方法来处理语料、提炼观点,做到描写与解释并重,共时和历时相结合,定性分析和定量分析相结合。

4. 本书虽从本体角度出发,但同时也对应用领域具有一定的参考价值。比如本书中研究的负面立场标记,特别是"X呢"式评价立场标记的成果可以应用到国际中文教学和国际中文教材的编写中,同时为国际中文教师提供相应的教学策略。

本书的作者张田田博士近年来一直笔耕不辍,在出版了专著《汉语代词并入现象研究》(2017)一书后,即转入新的探索,致力于现代汉语评价和立场标记等问题的研究,近年来不仅发表了数篇高质量的学术论文,而且写成《基于互动范式的汉语评价立场标记研究》一书。

张田田博士在大作出版之际,要我写几句话作为"序",因为此前同张田田博士在这一话题上有过讨论交流,这次又能系统通读全书,对评价立场标记问题又有了更加系统的了解,先睹为快,受益匪浅,欣然为序。

学无止境,学术探索之路更无终点,希望张田田博士在本书研究基础上,继续探索,拿出更多更好的成果来,为我国的语言学事业贡献更多智慧。

2023 年 4 月 22 日

目　　录

绪　　论

　　评价是人类交际中不可或缺的互动行为,是语言的基本功能之一。汉语的评价表达方式十分丰富,其中立场标记是重要手段之一。根据 Shoichi Iwasaki 和 Foong Ha Yap(2005)的研究,"立场标记"这一概念可以界定为:当交际双方在对话中通过"招请推理"进行协商时,语言符号同时具备主观性和交互主观性,表达说话人的立场,立场标记就随之产生。笔者认为,表示评价功能的立场标记在满足话语标记的基本条件下更加侧重于说话人的态度、价值和立场的表达,更加注重听说双方的互动性。本书所研究的评价立场标记都是以上述定义为依据和基础的。

　　目前,国内语言学界关于评价立场标记的研究主要集中在个案分析上,仍未形成系统,尚有较多领域需要深化和拓展。汉语评价立场标记作为评价表达的重要手段之一,其形式构建、意义解读、形成过程、生成机制和动因、功能浮现的句法条件和语用制约等都需纳入立场表达和规约化的整体研究框架下,从而构建汉语评价立场标记功能表达的完整系统。鉴于此,本书的研究内容如下:

　　(1)系统框架建立。评价立场涉及对所言或所写的信息内容的情感倾向和评价表达,是立场意义的核心所在。基于形式和意义,建立现代汉语评价立场标记整体框架。从评价语义维度出发,评价立场标记可分为两类:一类是对对方进行否定、贬抑或批评的,可看成一种负面评价立场标记;一类是对对方进行肯定、赞同或认可的,可看成一种正面评价立场标记。

　　(2)形式构建和意义解读。对评价立场标记进行系统、深入研究,全面考察其构成成分、句法特征和语义倾向。本书所研究的典型正面评价立场标记有:"可不是""难怪""果然"等;典型的负面评价立场标记有:"岂止呢""哪能呢""何必呢""何苦呢""说什么呢"等"X 呢"式,另外还有由"否定成分"和极小量成分构成的立场标记,如"少来""难说""万一(呢)"等等。总体来说,学界对负面评价立场标记关注度高于正面评价立场标记。

　　(3)会话模式构建。通过探讨两类评价立场标记在会话序列中的位置、语体中的分布和交际双方的互动关系,归纳其会话模式特点,聚焦于汉语评价立场标记会话模式的建立和元语用功能的分析,并将会话序列纳入立场标记语境的考察视野。

　　(4)动因和机制探析。全面展现评价立场标记的演变过程,从礼貌原则、语用移情、语境吸收以及语用推理等角度来探析评价立场标记产生的动因和机制。

（5）元语用功能分析。评价立场标记是言语交际互动的产物，除具备话语标记的相关元语用功能外，更需重点研究其立场表达功能和人际互动功能，立场表达和人际互动也是将其看成立场标记的重要指标。本书聚焦于互动中的语用、社会及认知因素对汉语评价立场标记所表达的立场功能的塑造。

本书的研究目的和意义如下：

通过对汉语评价立场标记进行深入、系统的考察，构建评价立场标记的整体框架，全面考察其构成成分、句法特征和语义倾向，聚焦其会话模式的建立和元语用功能的分析，探析其演变过程、生成动因和机制，分析其立场表达功能在具体语境中的意义浮现等，从而建立一定的事实和理论体系。本书是汉语评价立场标记的系统性研究，具有一定的理论意义和实用价值。

在理论意义方面，其一，在互动语言学视野下综合运用多种理论方法对汉语评价立场标记加以系统研究，将有利于构建汉语评价立场标记研究的总体框架，从而进一步充实对该领域的研究。互动视角的引入，可以引导我们发掘言语互动中会话环境对立场标记的形式、意义和功能的影响和塑造，使我们对汉语立场标记的认识更加立体，同时也推动和促进了汉语立场标记的理论探索。

其二，目前关于汉语评价立场标记的研究仍以个案为主，缺乏共性基础，需进一步探讨汉语评价立场标记产生与句法实现途径之间的关系，揭示出评价立场标记形成的规律，探讨其在特定的会话环境中立场意义的浮现，以及语境中语用、社会交际及认知因素对评价立场标记表达功能解读的驱动，为汉语立场表达功能的研究提供新的视角和参考。

在应用价值方面，本书的研究虽从本体角度出发，但同时也对应用领域具有一定的参考价值。对于各类词典的编纂、中文信息处理、语言教学等方面提供了相关支撑。汉语学习者对立场标记，特别是"X 呢"式评价立场标记的掌握情况普遍较差，这一部分知识点在中高级对外汉语教材编写中也没有引起足够的重视。本书的相关研究成果可以为汉语教师提供相应的教学策略。

本书的研究方法和研究思路如下：

首先，把中外语言学者对不同语言中有关立场标记和立场表达的研究文献进行整理、归纳及分析，充分总结、吸收和利用前人的合理成果。

其次，结合互动语法、篇章语法和认知语法相关理论，基于大规模汉语语料库，对汉语评价立场标记进行检索、统计、归纳及分析，构建汉语评价立场标记两大分类系统，探讨其形成过程、生成机制、动因及元语用功能，在互动环境中构建其会话模式，分析其会话特点，从而构建起汉语评价立场标记所具有的立场表达功能的完整系统。

　　综上所述，本书基于互动语言学范式，结合篇章语法、会话分析、语法化和词汇化、主观性和主观化、语用移情等相关理论，采用动态浮现的语法观和会话互动的实证观，基于大规模古代汉语语料库和现代汉语口语语料库，综合运用文献分析法、统计法、比较法、演绎归纳法、实证法等研究方法，从句法、语义、韵律、语用等多维度对汉语评价立场标记进行系统深入研究，具有较为独到的理论价值和应用价值。

第一章 立场表达和立场标记研究概述

笔者认为,想要弄清楚立场标记和立场表达的概念,首先需要弄清楚话语标记这一概念。因为话语标记和立场标记这两个术语在概念内涵上有所交叉,在侧重点上有所不同。

1.1 国外话语标记研究概述

话语标记(discourse marker)研究,20 世纪 80 年代首先兴起于欧美,21 世纪在中国得到有效推进。

话语标记的兴起是伴随着功能语言学、篇章语言学、话语分析理论等有关学科的发展才得以进一步发展的,学者开始逐渐认识到话语标记在语言表达方面的重要地位,一改以往认为话语标记可以随时删减的看法,认为其是帮助交际双方构建语篇和理解说话人意图的重要手段和机制。纵观国外学者关于话语标记的研究,主要从三个角度展开:"句法—语用"(gramammatical-pragmatic)角度,"语义—语用"(semantical-pragmatic)角度和"认知—语用"(cognitive-pragmatic)角度(刘丽艳:2011)。

"句法—语用"角度的研究,主要是基于句法层面的考察,包括研究话语标记的句法特点、句法分布以及在韵律上表现出来的特点。对这方面研究比较深入的学者是 Fraser(1990、1999)。他首先是对话语标记进行界定和分类,然后通过实例加以说明。Fraser(1990)早期是把研究重点放在话语标记的句法特征研究上,认为话语标记就是这样一些表达式:它们主要出现在句首位置,并且语义上具有非强制性(即对它所在话语的意义不产生影响),并且它们有着共同的、用来标示前后话语之间关系的语义特征。之后 Fraser(1999)对话语标记的界定范围进行了修订,并将功能标准考虑进来,认为话语标记是可以连接两个或两个以上小句的话语成分,并且认为话语标记都有一个核心语义,这个意义是程序性的(procedural),不是概念的(conceptual)。这个程序性的语义特征成为后期学者界定话语标记的一个重要的语义标准。总体来说,Fraser 的话语标记研究主要从句法角度进行考察,脱离了具体的语境,没有从更大范围分析话语标记与语篇连贯的关系。

　　"语义—语用"角度的研究是以连贯理论为框架构建起来的。这方面研究的重点在话语标记如何在语义、语用方面增强语言单位之间的连贯度上,代表学者是 Schiffrin(1987)和 Redeker(1991)。Schiffrin(1987)在《话语标记》(Discourse Markers)中细致分析了英语中 11 种常用的话语标记,主要的有:1) oh:信息处理标记;2) well:反应性标记;3) and,but,no:话语连接词;4) so,because:因果性标记;5) now,then:时间副词;6) y'know;I mean:信息和参与标记等。这本书是目前学界普遍认可的,在国外话语标记研究领域颇具影响力的专著。

　　Schiffrin(1987:314)认为,每个话语标记都有一个核心意义,"这些核心意义不会随着使用情况的改变而改变"。关于话语标记对话语连贯所起的作用,她认为连贯是"通过话语中相邻单位件的关系建立起来的"。国外学界从"语义—语用"角度研究话语标记的学者还有 Redeker。她的研究是对 Schiffrin 相关研究的一种修正和补充。Redeker(1991:1139)认为话语标记应该重新命名为话语操纵语(discourse operators),并把它定义为"上下文连贯关系的语言标记"。Redeker 赞同 Schiffrin 的观点,也认为话语标记具有一个核心意义,并且认为这个核心语义是随着话语标记的不同而变化的,但是可以约束限制对话语上下文的理解。

　　从上述论述看出,不管是 Schiffrin 还是 Redeker 的研究,她们都只注意到话语标记对局部连贯的作用,但是未把交际双方的认知心理和认知策略纳入相关的研究中,这方面应该引起学者们的重视。

　　"认知—语用"角度研究的目的在于揭示话语标记的认知理据及其对话语理解过程的制约作用。Blackmore(1992、2002)是从上述角度研究话语标记的代表学者。Blackmore(1992)从语篇关联角度对话语标记进行了界定。她认为,交际双方在交流时会尽量表达出话语内容,让听话人在理解时可以少付出点努力,话语标记的使用就是可以实现这一根本目的的重要手段之一。在考察话语标记功能时,Blackmore(2002)不赞成以往把话语标记放到话语层面来研究的做法。她认为话语标记的研究对象不是话语,而应该是认知过程,因为认知过程是交际得以实现的基础,对话语标记功能的研究就是要考察它们作为信息输入内容在认知过程中所发挥的作用。将话语标记置于认知层面进行研究,是学界比较重要的一个突破,也使得研究更加有价值。

　　"认知—语用"角度将话语标记置于认知层面进行研究,具有较强的学术价值。但是过多关注话语标记在认识推理过程中的作用,可能会忽视其在语篇构建中的作用,因此我们应该综合看待话语标记,通过多种角度对其进行全面地研究。

1.2　国内话语标记研究概述

近年来汉语语法学界对话语标记研究的关注度不断增加,已然成为汉语语法研究中的热点之一。目前国内关于话语标记的研究主要集中在以下几个方面:

1.2.1　话语标记的综述性梳理

主要代表学者有黄大网(2001a、b)、谢世坚(2009)等。黄大网(2001a、b)主要介绍话语标记的形成和发展历程,并指出 20 世纪 80 年代中后期是话语标记研究的黄金发展阶段。同时黄大网对一些概念和理论问题,诸如话语标记的定义、连贯理论、会话五层面与三层面等作出介绍与归纳,并指明后期的发展方向。

谢世坚(2009)对 20 世纪 70 年代以来国内外话语标记语的研究进行了回顾,并重新定义和分类话语标记,并分别介绍来自 Schiffrin、Fraser 和 Blackmore 的三种代表性理论,其中 Schiffrin 对话语标记的定义我们较为熟悉,也较为简单,即话语标记语是"对话语单位起切分作用的顺序性依附成分"。Fraser 则从句法、语义和与语用三个角度对话语标记进行界定,也成为后来学者界定话语标记的三个重要角度。Blakemore 则是在关联理论的框架下研究话语标记语的,其着眼点是话语标记语相关话语之间的关联度的研究。谢世坚(2009)在文章中还进一步指出,话语标记语是一个相对封闭、成员数量有限的功能类别,有必要对其加以重新界定,并认为分类应根据其来源进行,其意义多数和原来的实词有某种联系。

近年来,对话语标记研究进行梳理和总结的文章并不多。陈君均(2011)对研究话语标记语较有影响的几种观点进行了阐述和说明,主要是 Schiffrin 从话语连贯、社会互动的角度进行分析,称之为互动变异分析法,Fraser 从语用学的角度研究句内和句间的语用意义,Blakemore 从关联理论的角度分析话语标记语在制约话语理解过程中的心理认知过程。作者对这三种理论做了详细的阐述,并分析了其中的优势和不足,他个人比较倾向于 Blakemore 的观点,认为关联交际法是以关联理论为基础,从人类话语交际的认知机制出发,解释了话语标记产生和实际应用的机制。

1.2.2　话语标记的意义、功能的理论性研究

这一部分是运用国外的话语标记理论,主要以英语为例,着重对话语标记的意义功能进行阐述,如何自然、冉永平(1999),吴亚欣、于国栋(2003),李佐文(2003),李健雪(2004),王正元(2006)等。

何自然、冉永平(1999)以关联理论为框架,从话语生成与理解的角度分析英语中的话语联系语对话语生成与理解的认知性解释及其语用制约性。文章依据关联理论阐述交际涉及听说双方对信息的处理,说话人通过明示交际行为,让听话人获取某种信息。作者用大量的实例来论证话语联系的作用主要体现在话语理解中对推理的制约或引导。

于国栋、吴亚欣(2003)在 Verschueren(1999)提出的元语用意识(metapragmatic awareness)的基础上,揭示话语标记语与语言使用者的元语用功能之间的联系,以及话语标记所具有的不同的元语用功能。作者界定话语标记的内涵与外延,并说明话语标记的语义特点,指出话语标记在语篇连接中的重要作用,说话人借助话语标记语在表达自己想法和态度时,帮助或引导听话人理解话的意义,推导说话人真正的交际意图。

李佐文(2003)通过分析话语提示语,明确其对整体连贯关系的标示。这种连贯标示可以标示局部连贯(local coherence),也可以标示整体连贯(global coherence)。局部连贯是指话语内相邻句子之间或一个会话轮次内相邻句子之间在语义上的关联。话语整体连贯是指话语整体与部分之间、部分与部分之间总体上的关联,也包括话语内信息和话语外信息的联系。话语提示语除了提示相邻话语间的局部连贯,也可以提示整体连贯关系。整体连贯从结构上看包括话语的起始、终结、段落、句群的界限、话语的整体框架等。

李健雪(2004)通过分析从美国第一任总统华盛顿到总统布什的 54 篇就职演说中的话语标记语,旨在验证话语标记语是语篇生成过程中元语用意识在策略上的重要反映。文章首先提出了话语标记语的程序管理形式构件假设、概念关系图式化假设和命题态度解释假设并通过统计数据加以验证,结论是话语标记语在就职演说语篇中具有以下三大策略功能:一是语篇宏观调控和微观衔接的管理策略功能;二是因果推论和对比阐述概念关系的图式化策略功能;三是主观信念态度的外显功能。

王正元(2006)从语义和语用角度分析话语标记语和语用标记语的区别。他认为,话语标记语主要是起到连接作用,它可以连接两个或两个以上的小句,突出小句之间的关系。而语用标记语侧重关注发话人的说话方式,对前述话语信息的主观评价及语境关联及对受话人认知推理的影响。文章还讨论了话语标记语的语义意义和语用意义、命题意义及其程序意义和概念意义等几个问题。文章指出,话语标记语是有意义的,不仅是传统角度的真值语义条件,更是一种加强或指导话语意义理解的语用意义,话语标记语的意义需要在真实语境中实施推导的情况下,才能体现话语标记语的意义。文章最后指出,从语义和语用两个角度去考察话语标记语的意义,才能客观地对待话语标记语。话语标记语的主要功能是语用的,虽然不能直接成为其所在句子中的命题成分,但是它们具有命题引导和命题推导功能,对所引出话语的命题有理解外力。

1.2.3 汉语话语标记的专题研究

汉语话语标记的专题研究主要包括话语标记的综合性研究和个案研究以及从共时和历时角度对话语标记的考察。

1.2.3.1 关于汉语话语标记的综合性研究

近二十年来,研究汉语中的话语标记现象成为汉语学界的一个热点。关于汉语话语标记的综合性研究更是其中的热点之一。以"话语标记"这一术语作为关键词在中国知网进行检索统计,可以搜索出400余篇语言学专业硕博学位论文。代表性论文有:刘丽艳《口语交际中的话语标记》(2005年,博士学位论文);李秀明《汉语元话语标记研究》(2006,博士学位论文);于海飞《话轮转换中的话语标记研究》(2006,博士学位论文)和施仁娟《基于元话语能力的汉语话语标记研究》(2014,博士学位论文)。

刘丽艳(2005a)是国内较早对汉语话语标记进行系统研究的学者。她对话语标记的研究深入且有一定的成果,其研究内容主要有几个方面:首先对国内外话语标记的研究成果进行了较为清晰地梳理,并结合汉语的实际情况对相关理论进行了整合,以期可以指导汉语研究;另外从意义的程序性、功能的元语用性以及句法的可分离性等特征方面,对话语标记重新做出界定,并且明确话语标记生成的动因和机制。作者在对大量汉语口语交际语料进行全面系统分析的基础上,以期建立汉语话语标记的分析框架。

李秀明(2006)以系统功能语言学和言语行为的基本概念与理论为框架,讨论元话语标记在话语语篇中的形式特征、功能分类以及在各类语体文本中的使用情况。文章分别对语篇功能元话语标记、人际功能元话语标记进行了细致阐述,将语篇功能元话语细分为话题结构标记语、衔接连贯标记语、证据来源标记语和注释说明标记语四个子范畴,并对其中成员进行较为深入的阐述,将人际功能元话语标记细分为含糊表达标记语、明确表达标记语、评价态度标记语和交际主体标记语四个子范畴,并对元话语标记的演变轨迹和多功能性进行探讨。

于海飞(2006)主要从话轮获得、话轮保持、话轮放弃等话轮转换角度来系统研究话语标语,并且认为此领域的研究没有引起汉语学界的重视,仍是一块空白。作者在研究中发现,话语标记在话轮转换中的作用也是举足轻重的,不应该忽略这类成分所存在理据和功能价值。正是基于以上考虑,作者对这些在话语理解和生成方面有重要作用的语言表达式给予充分的重视,并且呼吁加强这方面的研究。

施仁娟(2014)首先指出汉语学界关于话语标记的研究有两处不足,一是创新度,二是应用度。她指出,国内话语标记的理论研究比较单一,主要基于认知和语用的维度,研究多运用隐喻和转喻、主观性、认知推理等理论,而鲜少运用理想化认知模式、构式语法、整合概念等理论来指导话语标记研究。创新度不足还表现在无论是关联理论、顺应理论还是语法化理论,国内学者倾向于引介国外理论,运用这些理论来指导汉语话语标记的研究,但鲜有结合汉语实际进行理论方面的创新。因为英语和汉语分属于不同语系,完全照搬照抄英语的理论并不可行。在应用方面,如何将汉语话语标记研究成果应用到汉语作为第二语言的教学上,仍然需要进一步思考。目前,学界缺乏较大规模的留学生话语标记习得整体情况的研究,同时还缺乏基于语料库的相关研究和将话语标记与本土教材编写相结合的研究等。基于以上种种,作者着重从培养留学生的元话语能力出发,先从认知心理学的角度阐述从元认知到元话语再到话语标记的形成过程,然后将话语标记与元话语能力相联系对其进行界定和分类,接着重点解释话语标记是如何通过"寻找辖域、判断语义关系"来引导受话人对话语的理解,话语标记的程序功能通过受话人对辖域的寻找和辖域语义间关系的分析而实现,从辖域入手分析话语标记,有利于受话人归纳话语标记的语篇结构和语用功能,从而利用话语标记帮助读者理解话语内容。

另一方面集中在以汉语中一类话语标记作为研究,或者近义类话语标记进行比较研究,这一类以硕士学位论文为主。近两年的研究有:罗彬彬《"说"类委婉性话语标记研究》(2020 年,硕士论文)、章广硕《汉语断言类话语标记及其对外汉语教学研究》(2020 年,硕士论文)、汤礼新《汉语"X 看/见/瞧"类话语标记研究》(2020 年,硕士论文)、王雨《现代汉语推测性话语标记研究》(2021 年,硕士论文)、朱健《现代汉语坦言类话语标记研究》(2021 年,硕士论文)、丁艺《反预期话语标记"X 承(成)想"研究》(2021 年,硕士论文)等。

罗彬彬(2020)以现代汉语委婉性话语标记作为研究对象,根据语力的强弱把委婉性话语标记分为"弱语力话语标记""中语力话语标记"和"强语力话语标记",并且分别从语法性质、语篇框架、语用功能等方面对话语标记进行了较为全面考察。其中重点考察了委婉性话语标记的语篇框架和语用功能。最后考察了此类话语标记的演变过程以及形成的机制和成因。

章广硕(2020)对汉语中 11 个断言类话语标记进行本体和对外汉语教学角度的研究,把断言类话语标记分为主观断言标记、客观强断言标记和客观弱断言标记三类。他在对外汉语教学方面对话语标记作了有益的尝试,并提出了相关的教学建议,有助于本体研究和实践教学相结合。

汤礼新(2020)根据语法化和话语标记理论,运用共时和历时相结合的方法考察"X看/见/瞧"类话语标记。共时平面主要分析此类话语标记的语法特征、内部分类和语用功能,历时平面主要梳理它们的演变过程以及生成机制和动因。其整体研究是在词汇化和语法化研究的框架下进行。

王雨(2021)和朱健(2021)分别以汉语中的推测类话语标记和坦言类话语标记作为研究对象,文章都首先根据语义特征和形式特征,划分出不同类别的推测类话语标记("看"类、"听"类、"想"类和"说"类)和坦言类话语标记(实言类:说实话、老实说、说真的、说实在的;直言类:坦白说、坦率地说、说白了、说心里话;婉言类:别怪我说、说个不该说的话、说句不好听的话)。王雨(2021)首先分类考察推测性话语标记的来源,探讨了人们运用此类话语标记背后的认知心理动因,从而考察出推测性话语标记的生成机制,并全面考察此两类话语标记的语义特征、独立性特征、共现情况、位置分布及分布的倾向性。朱健(2021)以推测性话语标记作为研究对象,对其进行界定和分类,探讨其语法特征、使用条件、认知功能等。

丁艺(2021)在反预期和话语标记相关研究的基础上,从共时平面和历时角度对现代汉语中的反预期话语标记"X承(成)想"进行细致的分析。共时平面主要考察此类话语标记的语篇和语体分布,语法功能等,历时角度主要考察其发展历程,并对近义结构进行比较分析。

1.2.3.2 关于汉语标记的个案研究

近年来,有关汉语话语标记的个案研究趋势一直处于升温状态。学者们的研究框架大致是将某一具体的话语标记放在汉语的自然口语中,运用历时和共时相结合的方式,对其句法特征、语义特点、语用功能和语法机制等问题进行考察,共时平面侧重于分析和描写,历时角度侧重于解释和总结。近年来,代表性的话语标记个案研究有:"回头"的研究见高增霞(2004a),李宗江(2006);"完了"的研究见高增霞(2004b),李宗江(2004),方环海、刘继磊(2005),方环海、刘继磊、赵鸣(2007),余光武、满在江(2008),殷树林(2011);"我看、你看"的研究见曾立英(2005);"不是"的研究见刘丽艳(2005b);"谁知道"的研究见董秀芳(2007);"这个、那个"的研究见刘丽艳(2009),郭凤岚(2009);"管他"的研究见张田田(2012);"何必呢"的研究见张田田(2013)等。

高增霞(2004a)在文章中首次明确"回头"是一个话语标记,重点分析"回头"在自然口语中发展为话语标记、具有连接作用的现象,并对其语法化过程进行了探讨。文章认为,"回头"之所以虚化,与其词汇意义以及句法位置有重要的关系,篇章动因使其发展为一个话语标记。李宗江(2006)主要讨论"回头"的词汇化与主观化,即"回头"由表示转头意义的词组词汇化为一个词的过程,之后再继续语法化为一个时间副词和连接成分的演变过程。在其主观化的讨论中,重点提到"回头"在现代汉语里已基本不能表示一种客观的时间意义,极少用于叙述已经发生的事件的现实句中,而是主要用于非现实句。其中,李宗江提到这个连接成分实际上就是一个话语标记。

汉语口语中的"完了"也引起了汉语学界的高度关注,前后有不少学者对其进行研究。高增霞(2004b)指出,"完了"是北京口语中非常典型的话语标记,在话语中不再影响句子的真值语义,仅仅是使用者对语境的一种适应,表现说话人组织话语的痕迹。作者重点探讨了它的语法化过程。李宗江(2004)重点考察"完了"的语法化过程。方环海、刘继磊(2005)和方环海、刘继磊、赵鸣(2007)先讨论"完了"的语法分布情况,同时也认为起到连接功能的"完了"是从动词性"完了"经过重新分析得来的,但是他们把语法化的"完了"看作一个关联副词而非连词。但是余光武、满在江(2008)则主张语法化后的"完了"是连词,其源头可能有两个:一是动词"完了(liǎo)",二是"V 完了"中的"完了"。余光武、满在江(2008)还对"完了"和"然后"的异同作出分析,认为二者至少在语体选择和语义表达等方面存在差异。殷树林(2011)指出,"完了"是由于结构"V 完了"中 V 承前省略造成的,与动词"完了"无关。在共时平面上,"完了"有连词和话语标记两种用法。作为连词,它表示时间上的相承或事理上的相承;作为话语标记,它具备建构语篇和延续行为的语用功能。

"我看、你看"的研究见曾立英(2005)。根据 Brinton 所说的"删除"和"松散附接"等标准验证"我看、你看"标记化的形成过程。在这一过程中,结构的重新分析、语用推理以及"看"范畴特征的减少是其推动因素。文章还重点考察"我看、你看"的语义特征和句法分布之间的联系。

刘丽艳(2005b)考察北方方言口语中一个常用的话语标记"不是"。话语标记"不是"通常会出现在话轮的起始和中间位置。"不是"作为话语标记语具有引发和反应两种功能,引发功能是主动的,反应功能是被动的,其中以引发功能为主。话语标记"不是"的核心义是"表异性"。所谓表异性,指的是言者在交际过程中其认知状态在前后出现了转变,突出其不同。由于"不是"的表异作用违背交际礼貌原则中的一致准则和克制准则,因此使其使用人群和使用场合受到限制。

董秀芳(2007)通过推导"谁知道""别说"的词汇化和标记化的过程概括出了汉语话语标记在生成过程中的一些共性的特质,包括:从词汇化到标记化的过程经常伴随着其内部组成成分的凝固化和一体化,以及意义的规约化;话语标记的形式也不是固定一致的,可以是较短的语音形式,也可以是较长的语音形式,其主要特性是与其语用功能分不开的;话语标记与其所处的位置有关,大多数是由最初处于小句句首的成分演变而来的。

"这个、那个"的研究见刘丽艳（2009）和郭凤岚（2009）。根据考察话语标记的一系列标准，刘丽艳（2009）认为，"这个"和"那个"的语用特征已经具备了作为话语标记的基本条件。文章主要通过各类显性指标来验证"这个、那个"已成为话语标记。郭凤岚（2009）主要从社会语言学角度对北京话中的话语标记"这个""那个"的使用情况统计分析。作者指出，话语标记"这个""那个"的使用受社会因素及其交互作用影响，使用频率的高低与说话人社会化程度的深浅强弱状态相关。如果说话人社会化程度处于相对强势状态时以使用"这个"为常，反之多用"那个"，因此作者将"这个"看成是强社会化话语标记，将"那个"看成是弱社会化话语标记的主要依据。

张田田（2012）指出，连词"管他"是由动词"管"与代词宾语"他"的句法结构词汇化而来的，连词"管他"除了表示"不管"义之外，其实还隐含了说话人对对方提出的问题所采取的一种"不在乎、无所谓"的态度，"管他"话语标记功能正是来自这种"不在乎、无所谓"的隐义。文章还讨论了其成词的机制和动因。机制是语用推理和反问语境吸收，语用强调、主观化和代词并入是导致"管他"词汇化的主要动因。

张田田（2013）在研究表评注功能的语气副词"何必"的形成过程中，注意到成词后的"何必"经常与语气词"呢"连用形成"何必呢"格式，这一格式经过语音、语法、语义、功能等方面的验证得出其是一个典型的话语标记，主要表达一种隐性否定，这种隐性否定是在演变过程中通过反问句的语境吸收推导出来的。话语标记"何必呢"在语篇中主要起到语篇构建功能、隐性否定功能和人际互动功能。

1.2.3.3　关于某一类话语标记的集中研究

在个案研究的基础上，不少学者关注到某一类话语标记的研究，对一类话语标记进行介绍，并归纳一些共性，从而从一个侧面验证汉语话语标记理论。如方梅（2000）、李宗江（2009）、乐耀（2011）、曹秀玲、辛慧（2012）等。

冉永平（2000）对国外话语标记的引介引发了国内学者的兴趣，从此以后国内对话语标记的研究日趋升温。方梅（2000）率先将话语标记理论运用到汉语具体语言现象研究中，主要考察自然口语中弱化连词的话语标记功能。她认为，在实际的交际言谈中，有些连词并不表示逻辑关系等真值语义关系，而主要起到一个连接作用，作者把连词使用中的这类现象称作语义弱化。语义弱化的连词在对话中虽然不表示真值语义条件，但是在言语交际过程中起到了连贯和衔接作用，符合话语标记的特征，可以看成是话语标记。这类连词主要包括：所以、可是、那么、而且、然后等。方梅（2000）指出，这类连词在言谈中主要有两个方面的语用功能：话语组织功能和言语行为功能。

李宗江(2009)对现代汉语中"看你"类话语标记进行综合性考察,其中包括"你看你""看你""你瞧你""瞧你"等。"看你"类话语标记的语用意义可以概括为"提示对方注意自己言语或行为的不当之处"。"看你"类话语标记的演变涉及动词"看""瞧"从一个表视觉动作到与视觉形象无关、表达一种主观态度的过程有关。"看你"从表示言语行为到表达说话者的态度和主观评价的过程,实际上是主观化与交互主观化共同促进下的结果。后来,曹秀玲、魏雪(2021)专门谈到从感官动词到推断元话语标记的发展过程,对这类现象从理论的角度加以整体的阐述。作者指出,从感官动词发展而来的推断元话语标记成员数量多、结构形式丰富、使用频率高,主要有"看"和"听"两个系列,二者大体呈现出功能对立总体中和而又互补分布的语用格局。从感官动词到元话语标记的发展过程中,指代成分的回指作用与趋向动词的附缀化是感官动词功能拓展的语言内部机制,人类获取外界信息的认知心理规律是其外部机制。语言事实显示,来源于感官动词的推断类元话语标记比来源于思维动词的推断元话语标记更为常用。

乐耀(2011)通过对"不是我说你"一类话语标记的具体考察来论证言语交际中的主观性范畴和语用原则之间的互动关系。文章指出,该类格式从表达功能上看,已经语用化为一个话语标记,属于会话中的一种主观性语用范畴;从语言结构形式的变化看,该结构还处于词汇化的初级阶段习语化。文章说明该格式演变为话语标记的动因和机制。此类话语标记的使用目的是遵守交际中合作原则的真实准则和礼貌原则中的得体准则,具有较强的人际功能。

曹秀玲、辛慧(2012)研究汉语超预期话语标记的多元性和非排他性,并且认为多源性和非排他性是该类话语标记小类的共性特征。文章指出,超预期话语标记的词汇形式多样,达40多个。从历史来源和构成方式上可以归结为三类:否定副词("不/没/未")+动词("料/想/知(道)");反诘副词("岂")+动词("料/知");疑问代词("谁/哪(里)")+动词("料/想/知(道)")。文章重点探究其内部核心成员的语篇分布、语篇模式和语法化过程。

1.2.3.4 关于话语标记共时和历时角度的研究

关于汉语中话语标记的研究,有学者①从共时和历时两个维度加以区分,也是值得我们关注的一种研究角度。特别是历时维度,因为话语标记的演变过程中总是不可避免地涉及词汇化与语法化。因此,对话语标记的历时研究,不可避免地涉及从词汇化到语法化,甚至再到标记化这一演变过程的探究,以及在这一过程中,

---

① 参看施仁娟《基于元话语能力的汉语话语标记研究》,华东师范大学博士学位论文,2014年。

话语标记的生成机制和生成动因也是汉语语法学者关注的重点之一。

从以上分析可以看出,国内关于话语标记的研究与国外相比虽然起步较晚,但是共时平面主要是从认知和语用角度进行考察,历时角度主要涉及语法化和词汇化,因此起点较高。目前来看,国内研究话语标记的指导理论仍然以主观化、交互主观化理论、隐喻理论为主,比较单一,可以尝试在研究过程中加入构式语法、整合概念等理论,丰富汉语话语标记的研究成果。其实汉语中不少话语标记同时具备立场标记和习语构式①的双重身份,即是一个构式和话语标记的合体,只是代表话语标记时或代表构式时,其侧重点有所不同。话语标记主要侧重语用表达,去除后并不影响句子的真值条件,但是加上后会引导听话人做出正确的会话理解,构式则更加侧重整体意义大于部分之和,整体结构义无法从部分推导。

虽然汉语的话语标记研究主要是从认知和语用角度出发的,但是大多数研究建立在语篇关联和顺应理论的框架下,将汉语话语标记看成是连接小句和小句之间的重要手段,用来指示前后话语之间的关系,同时表明说话人的主观看法和立场。但是从近几年汉语学界研究态势来看,更加注重从社会语言学角度,从社会交际互动(social interaction)这一语言最原本的自然栖息地(natural habitat)之中来了解语言的结构和使用,也就是在互动语言学的框架下来研究汉语中的相关话语标记在日常互动交际中是如何表达言者的主观看法和主观立场的。因此从互动语法视角来看,学者更加重视话语标记的互动属性、会话序列结构和其所承担的交际功能,这种交际功能是更加侧重于其在具体语境中的立场表达功能的体现。因此此类话语标记可进一步看成立场标记,也是本书研究的重点。

另外,话语标记的应用研究发展不够平衡。首先,话语标记的习得研究尚处于描写阶段,缺乏有力的解释。笔者认为,话语标记的汉外比较研究,不但可以使我们进一步明确汉语话语标记具有哪些鲜明的特征,也可以使我们进一步探索在话语标记的语法化过程中,除了语用因素外,还会受到哪些因素的影响。另外从汉语作为第二语言教学角度出发,对留学生习得汉语话语标记的研究仍然处于起步阶段,现在的研究一般只关注于某一国家的留学生汉语话语标记的习得情况,但是缺少大规模的留学生话语标记整体习得情况的研究,缺乏整体性和普遍性的研究,同时还缺乏基于语料库的相关研究和将话语标记与教材编写相结合的研究等。之所以出现以上问题,主要是由于在对外汉语学界,早期并未重视话语标记的研究,研

---

① "习语构式"的定义参见王晓辉《汉语习语构式的性质、类别、特征及相关问题研究》,《汉语学习》,2018年第2期,第33—43页。文章指出,汉语习语构式属于形义结合具有整体性、多用于日常交际、带有一定评价或倾向性立场的规约性构式。

究方法上也没有进一步的拓展和更新,未能从元话语能力角度来解释相关问题。由于对培养留学生元话语能力的必要性和重要性缺乏足够的认识,因而也无法意识到留学生话语标记习得的价值所在。

其次,语料库研究和计算语言学与话语标记相结合的研究偏少。国外话语标记的应用研究主要是将话语标记研究与社会语言学、计算语言学、外语二语习得等相结合进行研究。而国内话语标记的应用研究多在二语习得方面,从社会语言学、计算语言学角度对话语标记进行研究次之,话语标记语料库建设的研究成果数量最少。

1.3　国外立场表达和立场标记研究概述

21世纪以来,立场概念引起国外学界的广泛注意,成为热点议题并且成果显著。已公开出版了数本专著和论文集对立场问题作专题讨论,如 Thompson & Hunston(2000)、Gardner(2001)、Mushin(2001)、Wu(2004)、Keisanen(2006)、Englebretson(2007)、Jaffe(2009)、Hunston(2011)等。一些知名国际期刊也组织专辑讨论该话题,如《Text》2003年第2期、《Journal of Pragmatics》2005年第2期等均刊载系列专题论文。关于立场的专题会议也在世界范围内多次举行,如2003年芬兰Oulu大学举行"立场表达、对话句法和互动——基于英语和芬兰语的语料"国际会议,2004年美国Rice大学举办的第十届Rice语言学研讨会的主题为"话语中的立场表达:互动中的主观性"。

通过考察国外关于立场表达和立场标记研究的相关文献资料,笔者认为国外语言学界从互动语言学视角对立场表达和立场标记的研究,主要集中在以下三个维度。

1.3.1　立场概念和立场表达手段的研究

Biber & Finegan(1988)是最早明确提出立场概念的学者。他们将立场定义为:"说话者或作者对信息的态度、感觉、判断或者承诺的显性表达。"之后,Biber & Finegan(1989)对立场定义作了进一步完善,将其定义为"对于信息命题内容的态度、感觉、判断或承诺的词汇或语法表达"。通过这个定义可以看出,上述学者进一步扩展了能够实现立场的手段且更加具体和明确,扩展到"词汇或语法表达",包括形容词、动词和情态词。

Biber等(1999)则更加明确地指出,除了交流命题内容,说话者和作者通常还表达个人感觉、态度、价值判断或者评价,就是"立场"。并指出,立场意义的表达方式众多,包括词汇手段、词汇选择和副语言手段等。其中,认识立场标记主要用于表示说话者对于命题中信息状态的评论,如确定性或质疑性、现实性、准确性或局限性等,以及知识的来源或者信息给予的角度。态度立场指表达个人态度或感觉,包括各种评价和情绪。言说风格表现说话者/作者对于交际本身的评论,如副词"honestly""briefly"表达信息呈现的方式。Conrad & Biber(2000)进一步明确了立场的三个范畴:认识立场,指对命题确定性、可靠性、局限性的评论,以及对信息来源的评论;态度立场,表达说话者的态度、感觉或价值判断;风格立场,表示说话人或者作者如何说或者写。

至此,立场研究的范畴更加明确清晰,主要包括三个方面:认识立场、态度立场和风格立场。本书对汉语的立场标记的框架分类正是来源于以上分类,并重点研究汉语中的态度立场标记。

1.3.2　互动途径下立场表达的构建研究

互动语言学强调从社会互动(social interaction)的角度来探讨语言的结构和使用,强调语言发出者、接受者和真实的交际环境三者之间的互动关系。此研究路径促使研究者们开始将立场置于社会/互动的矩阵中进行考察。较早从互动途径下研究立场表达的构建是 Berman 等(2002)。他在文章中厘清"话语立场"(discourse stance)概念,并且构建"话语立场"的分析框架,他认为"话语立场"包括三个互相联系的维度:导向(orientation)、态度(attitude)和概括性(generality)。之后,他主编的有关跨语言和不同文本类型(text type)的话语立场(discourse stance)研究专号《Journal of Pragmatics》,(2005 年总第 37 卷)就是在这样的分析框架下来讨论立场表达的。

Hyland(2005a)从形式和功能的角度来研究立场,他将立场定义为"作者的语篇'声音'或者言语社区公认的个性",这可以看作是一种态度方面的内容,其中包括一些功能,这些功能指的是作者展现自己和表达看法、意见或者承诺的一种方式。Hyland(2005b)讨论英语书面语篇中元话语(metadiscourse)的互动功能,其中涉及立场表达的范畴,这种互动功能主要体现在作者通过它们来外显自己的观点,从而邀请读者能够对作者的表达进行回应。在这一类互动性的元话语中,和立场表达相关的形式类别有:

模糊语(hedge)。模糊语的使用使得说话者对自己所说的话语所承担的立场变得模糊和不明确,例如一些确信度低的情态词 might、possible 等。

强化成分(booster)。主要通过这些语言成分来增加、强调言者或作者对话语信息的确信度。例如 clearly,obviously,definitely 等。

态度标记(attitude marker)。主要表达言者或作者对命题信息的态度立场而非认知立场。例如 unfortunately,hopefully。

自我提及(self-mention)。指通过第一人称代词和所有格形容词(我,我的,排他性的我们,我们的)的出现频率来衡量作者在文本中的自我表达程度。所有写作都包含有关作家的信息,但是通过第一人称代词进行个人投射的惯例也许是最有力的自我表现方式。

Englebretson(2007)是从话语互动的角度来探讨立场表达的重要著作,论文集搜集整合了大量关于理论探索与案例分析文章。其中颇有影响的是 Du Bois (2007)研究,他通过分析日常对话,总结出互动双方如何表达立场以及在语言互动中扮演角色和发挥作用,这就是著名的"立场三角"(Stance Triangle)理论。该理论将立场理解为三角行为,其中包括"评价""定位"和"离合对应"等功能,且这三种行为都是互相联系、互为支撑、缺一不可的,后文将详细论述。

1.3.3 立场标记的专号研究

Schoichi Iwasaki & Foong Ha Yap(2005)主编有关"亚洲语言中的立场标记和立场表达"的专号(《语用学杂志》Journal of Pragmatics 总第83卷)。这个专号中的系列文章主要从主观性、交互主观性等角度来研究汉语、韩语和日语三种亚洲语言中立场标记形成的机制和动因。值得注意的是 Shoichi Iwasaki & Foong Ha Yap(2005)在专号中对"立场标记"的概念进行界定,当交际双方在对话中通过"招请推理"进行协商时,语言符号同时具备主观性和交互主观性,表达说话人的立场,立场标记随之产生。立场标记在话语标记的基础上更进一步表达说话人的立场,更加注重听说双方的互动性。本书所研究的立场标记是以此定义为依据和基础的。

1.4 国内立场标记研究概述

国内学界将汉语的立场表达作为独立研究课题也只是近十年才开始。研究主要分为两个方面。

1.4.1 引介国外有关"立场标记"方面的重要著作文献

汉语学界早期的做法是将国外该领域的重要著作文献引介到国内。如姚双云(2011)、罗桂花(2014)、郝玲(2015)都对论文集《话语中的立场表达:主观性、评价与互动》(Englebretson:2007)从不同角度做出评价。该论文集主要收集 2004 年春于美国休斯敦莱斯大学(Rice University)召开的"莱斯语言学论坛"上的专题发言文章,该文集是从话语互动、会话分析等角度来讨论立场表达的重要著作。

姚双云(2011)指出,此论文集中最值得注意的两篇是主编 Englebretson 的《会话中的立场表达:导言》和 Du Bois 的《立场三角》,它们深入讨论了会话立场的理论问题和分析手段。

罗桂花(2014)指出,立场研究在过去二十年里引起了众多学者的关注,成为热点议题。然而对立场内涵的认识却存有较大争议,并由此形成不同的研究范式。文章的目的主要是厘清目前关于立场研究的三种模式,即语义视角的立场概念和研究模式、功能视角的立场概念和研究模式、互动视角的立场概念和研究模式。在分析完三种模式后,罗桂花进一步指出,早期对立场研究是在语义的框架下进行的,属于语义范畴,功能语法视角的介入,将语境和功能等因素考虑进来,立场是各种语言形式不同语境中用以实施的各种话语功能。发展到互动途径的研究,立场逐渐被认为是说话者和听话者话语活动中互动需要和社会语境的反应,不是存在于单个说话者的静态现象,而是听说双方在交际互动过程中,通过协商等方式实施的一种"行为"。

郝玲(2015)指出"立场"问题是近些年来国外语言学界研究的热点议题。以往欧洲语言学界注重对态度、评价等问题的研究,并在系统功能语言学及 Martin 的"评价理论"框架下取得了诸多成果,而"立场"概念的提出和新研究模式的建立为这一课题提供了新的方法和推动力。国内学界对这项课题的研究尚处于起步状态,"立场"研究仍然零散,缺乏系统性,且缺少汉语"立场"表达系统的研究和理论上的建构与提升。

梁凤娟(2011)主要从理论视角方向评析了国内外立场表述研究的最新发展趋势,为今后的研究指明了方向。文章中重点提及的关于立场表述研究的主要视角,值得我们借鉴和学习。目前,立场和立场表达已经引起了学者们的重视,不仅是汉语学科,还有其他跨语言学科中也是如此,为后期的研究提供了前提条件。现有研究的主要理论视角包括:功能语言学、语料库语言学、语用学、社会语言学、跨文化视角、二语习得等理论。根据研究,笔者认为虽然关于立场研究所使用的概念和术语较多,也有一些来自不同理论的分歧,但是从整体上看,多是功能语言学的研究取向。作者根据不同的研究范式,选择其中最具有代表性的研究范式加以阐述。值得注意的是,这些研究范式并不是割裂的,而是互有交叉、各有侧重的。

从以上研究可看出,汉语学界不再是孤立地来研究立场和立场表达,而是将立场表达与语言使用者所处的社会文化背景因素联系起来,更加关注立场表述的主体性,即语言使用者如何在特定社会文化语境中通过立场表述与受话者进行互动,建构互动的人际关系。

1.4.2　用新理论、新术语描写和解释汉语现象

后期,学者开始用立场表达和"立场"这一术语来研究汉语相关现象,主要集中在研究汉语立场表达的手段和某种语篇类型中的立场表达问题。

1.4.2.1　汉语立场表达的手段

汉语中用来表达立场的手段还是比较丰富的,学者们主要从词汇化、话语标记/立场标记、结构/句式等角度加以考察,虽多为个案研究,但是也丰富了汉语立场表达功能的研究。

1.4.2.1.1　词汇角度

从词汇角度对汉语立场表达功能进行研究的主要集中在陶红印(2003),方梅(2005),郑友阶、罗耀华(2013),方梅、乐耀(2017)等。

陶红印(2003)主要是从语音因素、语法因素和话语因素三个角度讨论汉语格式"知道",认为该格式表达说话人的立场态度。方梅(2005)从立场表达角度研究"认证义"谓宾动词发展到语用标记的过程。这是汉语学界较早研究立场表达的两位学者。

郑友阶、罗耀华(2013)运用立场三角分析方法,对自然口语中的"这"与"那"进行研究,认为它们具有标示话语者的话语立场,且这种话语立场是基于话语者的主观性评价。

方梅、乐耀(2017)在其专著中从言者态度表达、言者意图表达等角度对现代汉语中的助动词、"倒是""还是"等词进行了深入地探讨,认为助动词在其典型位置上本来就具备认识情态意义。对副词"倒是"的研究虽然是个案,但同时也验证汉语中评注性副词这一类的功能特点。这一类副词最基本的功能在于表达说话者对事件、命题的主观评价和态度。作者着重从互动角度来研究评注性副词所出现的会话序列和立场表达功能。

1.4.2.1.2　立场标记角度

现代汉语中有一类话语标记其主要功能不在于起到构建语篇和会话衔接功能,而是侧重于某种立场的表达,这类立场表达功能在具体的语境中得以体现。这类话语标记可看成立场标记。近年来,关于立场标记的研究处于升温状态,学者开始从多角度对立场标记进行重新审视,达成更加全面深刻的共识。从立场标记角度进行研究的学者有徐晶凝(2012),张金圈、唐雪凝(2013),聂小丽(2019),王悦(2019),方迪、张文贤(2020),梁凯、谢晓明(2021),谢晓明、梁凯(2021),张田田

（2021），闫亚平（2022）等。

徐晶凝（2012）讨论口语中认识立场标记"我觉得"，认为"我觉得"在语义上主要表达说话人的确信度较低，在语篇中除了表达不太确定的主观看法外，还常常用于交际双方地位较低的一方，起到缓和面子的作用，从而构建交际语境。

张金圈、唐雪凝（2013）指出"要我说"经常出现的位置是在表示言者主观认识和评价的成分之前，起到标示言者认识立场的作用。由于其内部成分在使用过程中结合较为紧密，作者将其看成"认识立场标记"。之后作者主要是从语篇分布、语用角度等共时平面分析认识立场标记"要我说"所出现的语篇位置和所具备的语用功能，从历时角度考察"要我说"从使役性兼语小句到认识立场标记的发展过程，并且重点分析其产生的机制。

聂小丽（2019）将附着在陈述小句句尾，表达确认义的"不是"看成"认识立场标记"，表达确认功能的"不是"本身并不具有命题意义，而是用来体现说话人对所言命题内容的确信度。作者将其看成认识立场标记，主要体现在两个方面，即"发现立场"和"事理认识立场"。

王悦（2019）指出，"还说呢"在使用过程中其结构形式不断固化，意义不断凝合，功能也较为虚化，可看成负面态度立场标记。这一立场标记主要用来表达说话人抱怨、责怪的负面情感态度。"还说呢"在一些互动模式中，构建了与参与交谈的另一方不相一致的立场。"还说呢"的标示和提醒作用，是会话原则中的礼貌原则的具体体现，说话人没有直接说出自己的抱怨和反对的态度，从而缓和了交际双方的矛盾，让交际能够顺利进行下去。

方迪、张文贤（2020）指出，"这样""这样啊""这样吧"表示非指代功能，其中"这样啊"是表达言者的想法和态度发生了改变，主要处于会话中的回应位置；"这样吧"则表示将要有新情况、新信息的出现。"这样啊"与"这样吧"在会话中的功能，来源于"这样"作为指代词的话语直指功能，它们在意义和功能上并非"这样"与语气词的简单相加，而是形成了规约化的整体。二者的功能浮现与会话语境中对互动交际意义的吸收有关。语气词"啊""吧"的互动功能也促成了它们的规约化。

梁凯、谢晓明（2021）对话语标记"又来了"的立场表达功能和来源进行深入地探讨。认为话语标记"又来了"的核心表达功能是否定，但在具体语境中，受交际双方关系和各种触发因素的影响，否定具有不同的语义强度，动态浮现出五种不同的立场表达功能：嗔怪＜厌烦＜埋怨＜责怪＜斥责。通过对"又来了"历时来源的考察，分析其形成的动因，主要有表达负面情感的词内成分"又"语义影响，经济原则和礼貌原则的合力，构式压制下的"来"去范畴化、语境吸收和强化等。

谢晓明、梁凯（2021）在互动语言学的范式下，重点考察了话语标记"谁说的"的会话序列关系,分析了其在互动语境下的话语功能以及其生成动因与机制。考察发现,"谁说的"经常处于话轮之始,这样可以促使听话人迅速做出反应,对对方的话语做出否定回应。从来源看,"谁说的"的话语标记功能最早出现在清代,受到主观性和主观化以及语境吸收等因素的共同促动。

上文提及,在"何必呢"文章的启发下,张田田(2021)发现有一类立场标记,主要来自反问句式,在反问语境下形成且在形式上有语气词"呢"作为标记,如"管他(它)呢""随它(他)呢""何必呢""何苦呢""哪能呢""岂止呢"等。此类立场标记主要用于口语,使用频率较高,不管是在形式上、语义上、形成轨迹还是形成动因和机制以及内部虚化程度等方面都具有自身的特点。这类"X呢"式结构除了具备话语标记的功能外,还表达说话人的负面立场,可进一步看成立场标记。根据考察发现,此类立场标记都带有共同的语义特点,即否定,且为隐性否定,具有同一性。"X呢"式立场标记在语境中主要用来表达言者的负面立场,是对听话人的行为、看法或者态度的一种负面或消极的评价,在否定对方的同时确立自己的立场和态度。"X呢"式立场标记所表达的消极立场的等级有所不同,根据负面程度可分为以下四个等级,越靠右等级越高,规约化程度越高:提醒<争辩<反驳<责怪。

闫亚平(2022)关注到现代汉语中的"干吗"由原本有着实在语义并用来表询问焦点的疑问词发展成为一个负面立场标记。根据分析,作者认为贯穿"干吗"整个演变过程的机制主要是反问句独特句法环境压制带来的功能悬空与语境吸收,同时"干吗"的双音结构与主观反预期性也为其演变奠定了语音与语义潜质。

1.4.2.1.3 结构/句式角度

此类主要是以现代汉语中表示反问、否定等一类构式作为研究对象,考察其在具体的语境中所表达的语义内涵和浮现出的语用功能等。从结构/句式角度进行的研究的学者有:刘娅琼、陶红印(2011)、张金圈、唐雪凝(2011)、姚双云(2012)、朱军(2014)、乐耀(2016a)、方迪(2019)等。

刘娅琼、陶红印(2011)主要研究汉语中的否定反问句式,认为这类句式主要用于地位较为平等的说话人之间,表达说话人的负面事理立场,并把否定反问句所表达的负面立场根据负面的程度分成了四个层级,分别是提醒、意外、反对和斥责。

张金圈、唐雪凝(2011)主要研究表示感叹性评价的"这NV的"构式,整个构式主要表达说话人对当前语境中某种事物或某种事态进行的感叹性评价。格式"这NV的"是由组合式述补结构"这NV得C"省略缩写而来的,主要具有表义含蓄、言简义丰的语用效果。

姚双云(2012)从互动语言学角度研究"只要"类条件句的立场表达功能,认为条件句的核心功能是阐述个人立场,并在此基础上衍生出评价功能、劝进功能和话语终结功能。

朱军(2014)主要对口语中一类特殊应答方式,即反问格式"X 什么 X"进行考察。认为这类格式主要出现在话轮之始,也可单独使用,与听话者有各种交互模式。这类格式在语用功能上的最大特点是具有负面立场表达功能,具体表现为提醒、意外、反驳、斥责四个层级,以后两者为主。"X 什么 X"同时还具有说话人不顾及对方"面子"、显示自身权势地位的立场表达特点。

乐耀(2016a)主要考察让步类同语式(如"这双鞋好是好,可就是太贵了")在不同的会话序列结构中是如何表达主观评价立场的。根据作者考察,此类格式可出现在两种会话序列中,单方面评价:"邀请评价—回应评价"相邻语对;双方面评价:"发起评价—回应评价"相邻语对,作者通过分析大量语料和相关内容,试图建立起会话行为和表达该会话行为的语言形式之间的相应关系。

方迪(2019)在互动语言学研究的范式下重点考察固化结构"这话说的"的立场表达功能及其形成动因。从会话序列角度来看,"这话说的"属于回应性成分,在实际使用中表达负面评价立场,其立场可以针对话语内容,也可以针对话语的合适性。表负面评价立场功能的"这话说的"形成动因,一方面是受到会话原则中的礼貌原则的驱动以及语境吸收的强化,另一方面是言说动词"说"可以用于元语性的评价功能。

另外,表"责怪"立场义的构式和话语标记也成为汉语学者青睐的对象,有不少的研究围绕此类结构进行探讨。如郑娟曼、邵敬敏(2008)对责备义格式"都是 + NP"的考察;郑娟曼、张先亮(2009)对"责备义"结构"你看你"进行了描写,同时也将"你看你"看成一个构式;张金圈(2010)分析"(S)也不 VP 句"的责怨功能;吕为光(2011)分析责怪义话语标记"我说什么来着";李小军(2011、2014)研究"(X)真是(的)""这/那个 + 人名"和"好你个 + X"构式的负面评价功能。

1.4.2.2 立场研究的应用问题

关于立场研究的应用问题,主要涉及语篇写作、法庭审判以及求知面试等专门语篇中的立场问题研究。下文逐一加以说明。

1.4.2.2.1 语篇写作的立场研究

语篇写作的立场研究主要分为论文写作和新闻写作两个部分。在论文写作中,不少学者是基于语料库进行相关对比分析,如:张金枝(2014)通过对中外学术论文语料库的对比研究,分析中外作者使用立场副词的特征,发现两者之间存在差异。文章研究表明,中国作者使用立场副词的频数和种类都比本族语者要少。另外,关于立场副词在句中的位置分布,中国作者在句首和句末使用立场副词的比例大于本族语作者,中国作者立场副词的句法位置不够灵活。姜峰(2016)基于自建语料库,对比研究应用语言学、哲学、生物学、电子工程学论文中外壳名词的立场建构与人际表达功能。钱家骏、穆从军(2017)基于自建的中外学期刊论文小型语料库,比较中文期刊汉语论文的英译版、国际期刊中国作者所撰论文和国际期刊英语国家作者所撰论文引言在立场表达强度和方式上的异同。研究发现,与国际期刊中国作者以及英语国家作者所撰论文引言相比,中文期刊英译版论文引言表达立场有时过于肯定,有时又偏于保守,在此基础上,作者提出了一些建议。李玖、王建华(2019)通过梳理文献发现,目前立场表达研究主要采用定量与定性相结合的研究范式,依据具体研究方法的不同又可分为:基于语料库方法的研究,基于文本细读方法的研究,综合语料库与文本细读方法的研究。文章介绍各类研究遵循的研究步骤及其代表性研究,并分析各类研究的特点,旨在为后续学术写作中立场表达研究方法的选用提供参考。王晶晶、姜峰(2019)分析中国理工科博士生与国际期刊作者在英语学术论文写作中表达立场的文本实践。结果表明:博士生比期刊作者显著多用模糊限制语、强势语和自我指称语,这些立场资源词在博士生论文与期刊论文各部分的分布具有一定差异。另外,博士生写作词汇资源有限,且存在刻意回避作者身份的现象。新闻报道方面更是无法避免立场表达,柳淑芬(2017)选取2006年至2015年间获得普利策新闻奖和中国新闻奖的获奖作品,对比研究了它们的标题里中英文立场标记语使用情况,发现汉语标题倾向使用确定性立场标记语和言据性立场标记语,英文标题倾向使用模糊性立场标记语和评价性立场标记语。朱红强(2018)借用梅因霍夫(Meinhof:1994)提出的新闻节目中的三种图文关系,以CCTV News为例,对电视新闻报道中立场表达的图文关系进行探讨。在电视新闻报道的立场表达中,图文之间的互动关系有三种:"重叠、错置、分离"。借用这三种不同的图文关系,进一步区别了三种不同类型的立场标记,即"文字与图片共同指涉的立场表达""文本主导的作者性声音""图片为主导的参与者声音"。张莉莉(2019)对访谈话语立场的行为要素和特征以及访谈话语立场表达实现手段进行了分析,探讨影响访谈话语立场表达的因素。其认为,影响媒体访谈话语立场表达的制约因素不仅有语用交际上的原因,还因访谈互动参与者的社会角色身份而呈现出不同的表达风格。陆亚(2021)讨论网络新闻标题实现否定评价立场表达的手段,分析新闻标题如何既能客观地传递新闻事实,又能将个人否定的评价立场隐藏在新闻事实背后,从而更好地发挥新闻媒体的舆论导向作用。

1.4.2.2.2　法庭审判的立场研究

法庭审判的立场研究在早期并没有得到应有的关注,对其进行研究的学者有王振华(2004)。王振华从系统功能语言学的"情态"视角分析辛普森一案法庭交叉询问中的人际关系。他提出客观、肯定的言语让说话者拥有优势;主观、含混的言语使说话者处于劣势。其从人际关系和情态表达的视角研究司法语言,拓宽了法律语言学研究的视野。后期,能看到对法庭互动的立场表达进行较为系统性研究是学者罗桂花(2013)。作者尝试将理论探索和社会的实际应用紧密结合,在互动语言学的视角下,通过对庭审互动中各参与者立场表达的观察、描写与解释,探讨立场在法庭互动中的语言表达手段、基本功能、分布特征并尝试从交际目的这一主导因素对诉讼各方立场表达的差异做出合理的解释,并发现一些有趣的现象,如罗桂花针对法庭互动中的"我认为"和"我觉得"进行了对比研究,发现"我认为"的使用频率远高于"我觉得"。

1.4.2.2.3　现场演讲的立场研究

随着立场研究的范围扩大,有些学者将其研究对象投射到了现场演讲的立场研究上。如刘润霞、任培红(2012)从态度立场表达的角度,分析奥巴马在 2009 年和 2010 年开学演讲中的态度立场表达。作者通过对态度立场副词、形容词和动词的频率分布进行统计和分析,解读奥巴马是如何在这两篇开学演讲中有效地阐明立场、表明态度和观点的。马倩(2018)分析习近平 2018 年博鳌亚洲论坛年会开幕式的主旨演讲,旨在从社会互动层面透析演讲中的立场表达、立场协同及国家形象的构建策略。研究发现,演讲中主要有评价博鳌亚洲论坛、评价中国改革与发展、评价未来国家合作三个立场行为,演讲者作为立场主体分别通过不同的立场类型对立场客体及子客体进行评价,在构建自身形象的同时以不同话语策略争取与听众立场协同。胡元江、陈晓雨(2018)基于特朗普竞选期间和就任总统后的演讲语篇语料库,考察演讲语篇外壳名词的使用情况。其研究表明,就职前后各语义类别所占比例接近,皆以事实型和事件型为主。竞选期间外壳名词以肯定自己、否定对手为策略,以赢得受众的支持;就职后则示政绩、表决心,让受众对美国的未来充满信心。就职前后外壳名词都主要表达认知立场,而就职后态度立场的表达更鲜明。

1.4.2.2.4　性别视角的立场研究

还有学者关注于不同性别对立场标记的选择的差异性。许家金、李潇辰(2014)采用语料库驱动的研究视角,考察 1 亿词次的 BNC 语料库中子女、夫妻、父母及祖父母 4 组家庭角色在话语中的典型搭配及上下文语境,从而揭示出英国英语中 4 组家庭角色及性别身份的话语建构。张继东、夏梦茹(2015)基于 BNC 子库为语料,从性别的视角来探究英语母语者常见立场标记语的使用差异。发现在模糊型立场标记语的使用上,男性倾向于使用缓和性的模糊词,女性倾向于使用变动性的模糊词。在确定型立场标记语的使用上,男性使用的词语形式单一,女性使用的词语形式丰富。在态度型立场标记语的使用上,男性比女性更多地使用谩骂的词语且态度轻慢,女性倾向于表达自己的喜好,态度较为温和。

从上述分析可以看出,立场研究的研究不仅仅局限于汉语本体,还被应用到社会生活的方方面面,可见立场研究具有很强的应用性,尚有继续扩展和深化的空间。

1.5 理 论 背 景

本书在互动语言学范式下,综合运用会话分析、语用移情、语法化和词汇化、主观性和主观化等相关理论,采用动态浮现的语法观和会话互动的实证观,从句法、语义、韵律、语用多维度对汉语立场标记进行系统深入研究。

1.5.1 互动语言学理论

2001 年,Selting & Couper-Kuhlen 主编的论文集《互动语言学研究》(Studies in Interactional Linguistics)应运而生,该书收录了 14 篇论文,主要分为两大议题,分别讨论了互动中的语言结构以及互动顺序和语言行为的关系。在这本论文集中,正式提出了"互动语言学"这一术语,拉开了互动语言学的研究序幕。

互动语言学是近十多年来发展迅速的新兴学科,本身起源于社会学,后期又吸收了会话分析理论、功能语言学等理论和方法,逐渐走向成熟。功能语言学强调的是在研究过程中注重对语言形式和话语功能之间的辩证关系的分析,认为语言是社会交际的重要工具。而会话分析则是侧重于研究真实语境中会话序列结构,注重谈话过程中规律性内容的把握,寻找一套较为科学的会话分析方法论。

在此之前,语言研究是以孤立的书面形式作为研究材料,语言材料的来源大多通过学者自省得到。这种自省得到的语言材料与鲜活真实的语言材料相比,往往带来研究结果的片面性和主观性。因此后期不少学者更加重视对真实、自然语料的搜集,将口语作为研究对象,是互动语言学在研究方法上的重大突破。之后互动语言学受到了功能语法和会话理论的重要影响,强调语言形式和话语功能的辩证关系,加强语言形式和语言功能如何结合的研究,并认为人是会话行动的积极参与者,人们在遵守社会习俗的同时,在互动过程中通过不同的言语行为直接影响整个言语事件的构成、发展和结果(罗桂花,2013)。

互动语言学是从社会交际互动中来了解语言的结构和使用的,主要从两个方面展开研究:其一,从语言的各个方面(韵律、形态、句法、词汇、语义、语用)研究语言结构是如何在互动交际中被塑造的,具体来说,就是互动双方利用何种语言手段表达特定的会话序列和语用功能,特定语言形式及其使用方式又产生何种会话结构与互动功能;其二,在社会交际中,互动双方需要完成的交际功能和承担的会话行为(conversational actions)是如何通过语言来实现的(乐耀,2016a)。互动语言学的最终目标就是去了解语言结构和会话互动之间天然的互育关系,即互动如何生成和塑造语言,具体语言又是如何影响和塑造互动行为的。

根据方梅、李先银、谢心阳(2018)的研究,互动语言学所关注的重要课题主要有:一是交际行为与句法关系。交际行为不同于言语行为,是基于即时言谈序列环境的经验所观察到的。社会行为可以通过语言手段实施,也可以通过其他方式,学者都关注于社会行为与句法之间的互动关系。二是会话序列与句法选择。与会话序列相关的研究主要有两类,一类是关于某一类社会行为(如请求行为)的会话序列研究,另一类关注会话序列与句法表现之间的关系,后者对传统语法分析提出了全新的认识。三是在线生产的语法。从在线视角研究语料,意味着将结构看作即时浮现的、通过互动达成的。具体来说,一个句子或小句的产出,都是说话人和受话人在实时协调他们各自的行为而造成的结构(Goodwin,1981:7)。

1.5.2　会话分析理论

会话分析理论是 20 世纪 60 年代美国社会学家 Sacks 等(1974)对自然会话特征以及制约机制进行研究,总结出人类会话的原则、结构和模式,探讨了会话背后隐含的社会秩序等,从而开创了会话分析理论。会话分析理论的分析材料以自然口语为主,最终对语言事实进行挖掘,并建立一套属于自身的理论分析方法。在会话分析理论中,提出了一些重要的概念,如我们所熟悉的话轮、相邻语对、会话序列结构等,都在互动语言学的研究中得到了广泛的使用。

会话分析理论提出的会话结构、相邻结构以及与人的社会关系等问题促使我们更加深入去理解语言的本质特色。其中,提出的一些术语在互动语言学的范式下得到了很好的运用,如话轮。话轮这一概念由 Sacks 等人提出,指的是"谈话中的一个自然单位,取决于说话人角色的转变。"会话过程就是以话轮不断交接来完成的,话轮不断交替得以让会话继续。相邻语对,指的是两个相连的话轮,由不同的谈话人发出,但是关系非常密切。相邻语对一般是由两个相连的话轮组合在一起,它们虽然由不同的说话人发出,但是关系非常密切,且相邻语对是会话分析的基本单位之一,值得学者研究。会话序列结构的范围则更广,指的是由多个话轮组合而成,并且配合完成一个特定的会话行为或者会话活动。

1.5.3　移情理论

移情(Empathy)概念始于美学,指的是情感渗透,后来在心理学、修辞学、语言学以及跨文化交际等许多领域都得到了应用。何自然(1991)是国内最早将"移情"这一概念运用到语言学研究领域的学者。何自然(1991)指出,"移情在语用学上指的是言语交际双方情感相通,能设想和理解对方的用意。"语用移情实际上就是语用站位,说话人站在何种立场采用何种语言形式来表达自己的主观态度。语用移情促使说话人从具体语言形式的潜式系统中进行优化选择,从而达到调节人际关系、缩短交际双方心理距离的目的。

李向华(2013)指出,"语用移情作为一种言语策略,会影响语言的预设,进而影响语言的结构。"当一种移情表达形式在语言表达中具有较好的语用效果时,言语使用者便会经常使用,并使之固化,成为一个固定的格式慢慢保存下来。所以,语言的演化中肯定有因语用移情因素的作用而造成的语言演变。

就本体研究来说,语用移情对相关格式和话语标记的演变发展起到了积极的促动作用,这种促动作用让使用者在具体的语言系统中做出优化选择,因此有较大的探索和发展空间。语用移情的价值不仅仅在于对同义句式变换的理据探索、对语言照应系统的探索,更在于它具有社会学方面的价值。

1.5.4　语法化与词汇化理论

语法化和词汇化是语言演变的两个重要方面,是语言历时发展中两个重要研究领域,这两个领域可以在历时角度相互连续,即从词汇化到语法化,也可以相对独立。

语法化具有语言类型学研究的共性,作为一种重要的理论方法,在研究过程中注重历时和共时相结合,即从语言的历时演变轨迹去探讨共时平面上的语言形式的差异。汉语语言学界对语法化现象的关注和研究由来已久,沈家煊(1994)提到,虽然"语法化"术语是由西方人提出的,但是他们也承认,"语法化"这个概念最早是中国人在 13 世纪就提出来的,元朝的周伯琦在《六书证伪》中说:"大抵古人制字,皆从事物上起。今之虚字,皆古之实字。"从上面的表述可以看出,虽然当时没有明确提出"语法化"的概念,但是这种虚化的思想已经蕴含其中。

关于"语法化"概念,语言学界较为一致地认为是由法国语言学家 Antoine Meillet(1912)在《语法形式的演化》中提出的,他把语法化定义为"原来的词汇形式变为语法形式(语法词、词缀等)的演变。"他认为,"研究语法化的目的就是研究自主词向语法成分之作用的演变",(文旭,1998)从而揭开了现代语法化研究的序幕。

关于语法化的定义,较为全面的是吴福祥于 2004 年提出的。他把语法化定义为"语法范畴和语法成分产生的和形成的过程或现象,典型的语法化现象是语言中意义实在的词语或结构式变成无实在意义、仅表语法功能的语法成分,或者一个不太虚的语法成分变为更虚的语法成分。"

学术界对语法化的界定也是一个承继和发展的过程。最初所谓的语法化主要是指一个词汇形式向语法成分的演变,其中包括实在的成分初步虚化、完全虚化和一个不太虚的语法成分向更虚的语法成分发展的过程。之后,又增加了结构式的语法化,将结构式的演变过程纳入语法化的研究领域中。

词汇化是继语法化后成为语言演变研究的另一个重要方面。词汇化概念是Kurylowicz(1965)在解释语法化单向性时提出来,他认为词汇化是与语法化相反的演变过程,是派生形式语法化为屈折形式,然后又词汇化为派生形式。

目前,国内词汇化的研究主要集中在历时词汇化上,历时词汇化的定义基本以董秀芳(2002a)为主:"词汇化,即短语等非词单位逐渐凝固或变得紧凑而形成单词的过程。"因为词汇化研究是继语法化研究之后才兴起的,因此不像语法化研究那样充分,大多都是零散性研究。目前,国内关于词汇化研究的成果并不多,主要有董秀芳、徐时仪、王灿龙、李宗江、刘晓然、刘红妮等。我们以董秀芳和刘红妮的研究为例。

董秀芳《词汇化:汉语双音词的衍生和发展》(2002a)是目前为止对汉语词汇化现象研究的最为系统全面的专著。"本书在汉语词汇史研究中第一次提出了'词汇化'的概念,阐述了和汉语'词汇化'有关的若干重要问题"。在她的专著中讨论了短语结构的词汇化、句法结构的词汇化和跨层结构的词汇化,主要讨论了双音词的演变过程,同时也涉及词汇化过程中的语法化现象,揭示了一定的规律,具有开创之功。这本书回答了双音节词三类主要历时来源:一是从短语降格而来;二是从语法性成分参与的句法结构中衍生出来;三是从本来不在同一个句法层次的跨层结构中脱胎出来。其中,从短语降格而来双音节词最多。

刘红妮(2009、2019)对汉语中非句法结构的跨层词汇化进行了分门别类的考察。早期在其博士论文中所采取的名称是"非句法结构词汇化",之后出版的专著中,作者将这个术语进一步修订为"非句法结构的跨层词汇化"。刘红妮(2019)认为,根据来源和本质的不同,汉语的词汇化可以分为两大类:一类是两个相邻的原组成成分之间原本就在同一句法层次,形成一定的句法结构关系,如并列、偏正、主谓、述宾、述补等,是由相应的短语演变而来的。另外一种正好相反,是由两个相邻的原组成成分原本并不在同一个句法层次,并不形成直接的句法结构关系,有非句法结构的相邻成分或词汇序列演变成词,这种是非句法结构的跨层词汇化(lexicalization from non-constituent adjacent elements),简称为跨层词汇化。专著对非句法结构的跨层词汇化的性质、范围和类别,句法语义和语音特点,演变的动因和机制进行了更加深入、系统的研究。特别是对一些关键问题如对汉语跨层词汇化的句法特征、语义基础和语音变化,以及演变动因、演变机制等方面提出了一定的建设性意见,提炼和挖掘相关规律,在事实和理论方面推动了汉语词汇化研究的进一步发展。

第二章 评价表达和立场标记评价项的研究

Englebretson(2007)主编的论文集《话语中的立场表达：主观性、评价与互动》将立场分为三种类型：认识立场(epistemic stance)、评价立场(evaluative stance)和道义立场(deontic stance)。就国内学界的研究来说，汉语学界关注和研究较多的是认识立场和评价立场。认知立场涉及说话人或作者对所言或所写信息的确信度，汉语中典型的认知立场标记有："我看""我觉得""我认为""我说""要我说""不是"等等。评价立场涉及说话人或作者对所言或所写信息内容的情感倾向和评价表达。其中，"评价"是表达立场意义的核心。

评价本身就是互动的，其形式的建构和意义的解构是交际双方在动态的语境下相互协调的结果。汉语的评价表达方式十分丰富，具体体现在词汇层面、立场标记层面和句子层面。例如：

(1) 她煎了一副汤剂拿到病床跟前。给病人服用之前，她自己先尝了一匙，并咂咂嘴表示味道<u>不错</u>。"<u>真不错</u>，"病人也想幽默一下，半开玩笑地说道，"嘿，先是甜的，现在是苦的。"（查尔斯·里德《患难与忠诚》）

(2) "维持不生病!"他诚恳地说。"我一发烧就来找你，"我说："你是个<u>好医生</u>。""我不行，"他摇摇头："我不能当医生，我只知病理，而不会——处方。"（琼瑶《寒烟翠》）

(3) "白先生，请别动气，有话好好说嘛。""没什么说的了。如果说先前我还有犹豫的话，那么从你进门那一刻，特别是听了你刚才一席话，我的决心是下定了!""<u>何必呢</u>，冲动只能给你带来不利。""有什么不利我都接着。钱律师，我们法庭上见吧。"（石凡《玻璃心》）

(4) 接着但听砰然一声巨震，敢情覆在井栏上的桌面，已被他们一掌推开了!范珠返剑入匣，愤然道："这些人，真是亡命之徒!"白少辉笑道；"<u>这也难怪</u>，一个人被囚在暗无天日的地窖之中，心情难免焦灼不安，一旦发觉穴道已解，自然不顾一切，急着要冲出去。"（东方玉《九转萧》）

以上例句中的评价表达方式可以分为两种情况，例(1)和例(2)代表了第一种情况，即评价表达式中有明显的评价意义的词汇项，如形容词"不错""这不错"或者名词性结构"好医生"等,这种评价意义可以直接从词汇中显性获得,可称之为显性的评价行为。另外一种情况以例(3)和例(4)为代表,它们构成成分中的评价语义都是无法完全从词汇字面上直接得出的,对应于隐性的评价行为。如例(3)中说话人提及听到对方的一席话而最终下定决心时,听话人回应中的"何必呢"表达了对说话人的一种负面评价,即认为对方说得不对、不恰当,并进一步表明自己的看法。例(4)中不再是负面评价立场,而是一种正面评价立场,表达说话人"白少辉"对前面观点的一种认同,并进一步对这种认同加以解释说明。对于此类评价表达式,其评价意义的浮现来自口语互动中会话语境的塑造,取决于会话序列中所处的位置。可以发现,例(3)和例(4)中的评价表达式都是出现在对前文进行回应的话轮中,体现对交际双方立场的一种延续或者重塑。此类评价表达式,无法从其自身中解读出所具有的评价意义,而是需要联系其前后的话语成分,包括其所在的会话序列位置,甚至是具体语境,来考察评价意义的浮现。这种语境有可能是反问语境,有可能是回应的序列位置,不管是哪一种,评价表达式在特定的语境中其语用含义会被逐渐固化,成为其固化义,从而使得评价的意义和功能得以在使用过程中浮现出来。以上两种情况共同构成了现代汉语评价表达系统。从词汇角度可以直接看出其评价义的情况,因为其演变过程较为简单明了,并不在本书的考察范围内。本书研究的侧重点主要放在后者,即其评价义无法直接从词汇层面获得,而是需要从重新解构和分析的立场标记层面提炼,这将是本书关注的重点。

根据考察,现代汉语中表示评价的立场标记数目较多,且内部还可以再细分为表肯定的评价,即正面评价;表否定的评价,即负面评价。本章节首先对评价的概念进行解析,再着重考察现代汉语中评价立场标记。

2.1 国外学界关于评价的认识

评价是人类非常重要的活动,也是互动交际中不可缺少的重要因素。人们在进行日常交际活动中,不可避免地对相关人、事物或事件进行评价。评价同时也是立场表达(stance-taking)的重要方面。近年来,国外学者对评价进行了深入地研究,本章节首先简单梳理国外学界对评价的理论探索和实证研究。

语言学中的评价研究在 21 世纪的最初十年经历了一个引人注目的热潮,如Hunston & Thompson(2000)、Martin(2000)、Macken-Horarik & Martin(2003)、Martin & White(2005)、Englebretson(2007)、Hunston(2008)、Bednarek(2008a 和b、2009a 和 b)等相继在该领域进行深入研究。

根据 Thompson & Laura-Juez(2014)研究,评价是一种多样的、与语境相关的现象，具有不同的方面且发生在不同的阶段，不仅发生在语篇阶段，其实在评价行为预实现阶段就已经发生。其关于评价的内涵的范围比 Hunston & Thompson(2000)提出的"评价是语言在表达说话人的看法主张、反映说话人及其所在团体的价值取向，构建说话人和听话人之间的关系、组织语篇等方面都发挥着重要作用"更加深入和广泛。Thompson & Laura-Juez(2014)将评价定义为一个动态的语言子系统，它渗透到所有语言层面，涉及说话人或作者对所讨论事件或命题的态度、立场、观点的表达，反映了说话人或听话人的个人、群体或文化价值观等。

在此定义中，Thompson & Laura-Juez(2014)则更加突出评价是在语言的各个层面得以实现的，贯穿于语言描述的各个层面，在语音层面、形态层面、词汇层面、句法层面和语义层面上都会有所体现。同时将评价看成是一个动态系统，指出在语言学流派中，功能主义倾向于将语言作为一种动态的现象来研究，而不是作为一种结构来研究，这种结构在使用过程中总是处于不断变化的过程中，这正是动态语法观的体现。

毫无疑问，评价具有主观性，Scheibman(2002)指出，交际双方在交流有效信息的同时，更多的是重复表达着他们的评价（evaluation）、观点（opinions）和态度（attitude）。这些方面都属于语言主观性（subjectivity）的表达。评价所具有的主观性同时也体现在对其内涵和外延的界定上。

关于"评价"这一概念，国外学界至少使用以下四种术语来表达。如 Lyons(1977)使用的是 connotation 一词，Halliday(1994)使用的则是 attitude 一词，Martin & White(2005)运用 appraisal 这一术语，而 Conrad & Biber(2000)和 Englebretson(2007)则使用了 stance 这一说法。

其中 Martin & White(2005)使用的 appraisal 术语来自系统功能语言学，并发展为评价理论。认为评价本身可以划分为三个相互作用的领域——"态度"（Attitude）、"参与"（Engagement）和"级差"（Graduation）。"态度"是其中的核心，与我们的感受有关，包括情绪反应、行为判断和对事物的评价。"参与"涉及获取信息的态度和话语中围绕观点的发声。"级差"关注的是情感被简化、类别模糊的分级现象。

"Evaluation"是功能语言学以及会话分析理论中常用的概念。Hunston & Thompson(2000)指出，评价是指说话人或作者对于他/她所谈论的事物或命题所表达的态度或立场、观点以及感受。而 Thompson & Albba-Juez(2014)则认为，立场是一个更加抽象的概念，既包括文本篇章阶段也包括实现前阶段。一旦说话者决定使用立场，评价则在语言表达中得以实现，或者是在立场的一种显性表达。

Biber 等(1999)将评价看作立场的一部分，将立场定义为"个人感受，态度，价值判断或评价(assessment)"。Englebrtson(2007)主编的论文集《话语中的立场表达：主观性、评价与互动》，涉及了立场表达的三个方面，其中包含了评价立场，并且把评价看成立场表达的一个重要方面。而 Du Bois(2007)则认为评价(evaluation)是立场表达中的不可或缺的要素之一，他提出了"立场三角"(Stance Triangle)的分析框架：

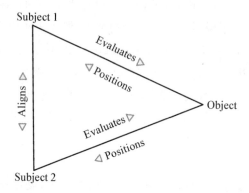

从以上分析框架可以看出，立场表达行为包括三个元素：立场主体 1(Stance Subject 1)、立场主体 2(Stance Subject 2)和立场客体(Stance Object)。前两者是参与交际的互动双方，立场客体指的是互动交际双方所谈论的话题或焦点(人物、事件、问题等)。立场表达又包含了三个子行为——评价(Evaluate)、定位(Position)和离合对应(Align)。

以上对国外学界关于评价的认识进行了梳理，可以看出虽然不同的流派使用不同的理论框架对评价这一概念进行讨论，但是学者们越来越重视评价在具体的、动态的语境中的构建和塑造。

2.2　国内学界关于评价的认识

本节主要研究汉语中的评价表达。整体来看，汉语学界主要是从语言本体出发，探讨各级语言单位中具有评价功能的成分，从而构成一个分层、有序的系统。随着互动语言学的蓬勃发展，汉语学界中涌现出不少从互动视角研究评价的学者。本节首先梳理下前辈学者的研究。早期对评价的研究主要集中在词汇层面上，从语法角度观察评价表达主要体现在副词、语气词等(方梅，2016a)。赵元任(1979)将副词分成了九大类，其中提及了估价副词，包括双音节的"幸亏、居然、果然、其实、究竟、简直"等，这类副词主要表达了评价主体的主观情态，这一类副词在后期也引起了学者们的广泛关注。比如，齐沪扬(2002)提出的语气副词，以及张谊生

(2000、2014)提出的评注性副词。

齐沪扬(2002)指出,"以表示说话人对说话内容的态度或情感"为依据,划分出来的是语气的意志类别,语气词往往是意志类别的形式标志,如可能语气往往使用语气副词"也许""大概"等,料悟语气往往使用语气副词"果然""难怪"等,领悟语气往往使用语气副词"难怪""怪不得""原来"等。

张谊生(2014：49-53)指出,像"反正、也许、果然、难怪"等一类词一直以来都当成语气副词来处理。但是充当状语和表示语气并不是这类副词的主要功能,虽然他们确实有时可以充当状语和表示语气,但其主要功能在于充当高层谓语进行主观评注,因此称之为"评注性副词",即上文提到的估价副词。这类副词本身就表示说话人对相关命题的主观看法和立场,是评价表达中不可或缺的词汇性手段。其在修饰一个命题意义的同时也传递了说话人自身对于这个命题的看法和立场,表达了某种程度上的正面或负面评价,具有主观性的特点。

近年来,随着互动语言学、认知功能语言学、构式语法等理论开始被汉语语法学界所熟识,学者们开始关注到汉语语篇中评价体系的建立,这方面的系统性研究主要见于刘慧(2009、2011a、2011b)、方梅(2017)、方迪(2018)。

刘慧(2009、2011a、2011b)是学界较早对评价进行系统研究的学者。她从研究的整体性出发,认为现代汉语评价系统体现出层次性的特征,由各级语言单位有序组合而成,成员包括词汇、话语标记、句子、语篇,将其称之为"评价项",其所包含的评价意义为"评价义",各层"评价项"及"评价义"共同参与构成一个形式与意义相结合的现代汉语评价系统。同时,刘慧(2011b)还指出评价最显著的特征是"主观性"。

方梅(2017)聚焦于负面评价表达的研究。其认为负面评价的规约化是指负面评价解读难以从其构成成分的意义直接获得的现象。从规约化程度来看,负面评价构式可以分为词汇构式和语法构式两类。在能产性和可替换性上,词汇构式和语法构式有所不同,词汇构式的能产性低且形式一般不能替换,但是语法构式具有一定的能产性和可替换性。

方迪(2018)在刘慧的研究基础上,试图构建现代汉语评价系统的层次性。他认为,从语法的角度说,评价表达至少可以从两个角度进行分类。第一,评价表达涉及的不同层面包括：话语中的某个成分(人、事物等);整个命题,以及对命题内容的确认性;某一事物涉及的程度语义量。第二,评价表达在句法语义上是否具有独立性,也就是说在句法上是否可以独立使用而不依赖于其他成分;语义上是否完整承担评价意义等。方迪(2018)所建立的现代汉语评价表达的分类系统见下表：

表 2.1 现代汉语评价表达的分类系统

评价对象		自　　由	依　　附
话语中某个成分		评价词语：形容词、个别包含评价色彩的名词，等等 习语表达，如：不怎么样	词义实在、具有评价意义的副词，如：稳步、蓄意等
整个命题	内容	话语标记，如：你看你、还 NP 呢、哪儿跟哪儿，等等 句式：反问句，让步同语式 A 是 A 等	评注性副词（估价副词），如：居然、动不动等 语气词，如：啦、哪等
	确定性	独用的副词，如：的确、肯定，等等	复合词：助动词＋是/说 可能是/说、应该是/说等 语气词，如：吧
程度量		构式，如：VA 了、X 没得说、X 就不用说了，等等	程度副词，如：很、特别、不太等

　　笔者认为，程度量属于语义范畴，需依附于具体的评价项存在。另外，关于命题的确定性，在不少学者看来，更倾向置于情态范畴（evidentiality）范畴中进行研究。那么狭义的汉语中的评价表达实际上只包含对于话语中某个成分以及对命题内容的评价表达。其中，本书的研究范围属于上图中话语标记的部分。从本书的研究视角出发，更侧重于考虑此类话语标记所具有的立场表达功能，着重将其纳入立场表达的系统中进行观照，因此在本书中称之为"立场标记"。另外，本书中所研究的立场标记，有一部分同时具备了立场标记和习语构式的双重身份，它既是一个立场标记，也是一个构式。因此上表中提出的构式也在本书的研究范围之内。

2.3　汉语中关于评价性话语标记的个案研究

　　方迪（2018）对汉语中各个层面用来表达评价的语言手段进行了总结，并强调应特别关注那些在形成之初并不表示评价，但在语言使用过程中其评价义得到塑造、逐渐浮现，从而发展出评价功能的成分。语言学界的研究重点不仅在于静态层面的语言形式如何获得评价意义，更加关注那些在具体语境中句法和语义手段不断对语言形式的评价功能的塑造过程。

　　汉语的各个层面评价项主要包括词汇性层面评价项，立场标记层面评价项和句子层面评价项。词汇性评价包括典型性评价词汇和非典型性评价词汇。典型性评价词汇指的是可以明晰表达评价主体的价值判断和主观情态的评价词汇，主要有评价性形容词、评价性副词、评价性动词、叹词等。非典型评价词汇中包含一些评价要素，但是这类评价要素需要和其他语言成分相结合才能更加明晰准确地表达出交际者的价值倾向或主观立场，这类成员主要包括：带评价义的名词、认证义动词、程度副词、带评价义的量词等。

根据陆俭明（2004）所归纳的句子意义及影响其产生的要素，句子层面评价项可以分为三类：基于句式义的评价句、基于具体词汇义和抽象关系义的评价句、基于语气义的评价句。基于句式义评价句也可称为"构式评价句"，其评价义主要来源于构式本身，也是目前学界关注度较高的一类，虽然汉语中表积极评价的句子远多于表消极评价的句子（邹韶华，2001），但是学界对消极评价句的研究更多，主要原因在于消极评价句需要遵循会话原则中的礼貌原则。为了不伤害到对方的面子，突出说话人的主观立场，这类句式必然在会话序列、生成机制和动因等方面有着独有的特点，从而成为汉语学界关注的重点。基于具体词汇义的评价句可分为"量性评价句"和"量质结合的评价句"两类。比较句是评价语义在句子层面的重要体现。基于语气义的评价句主要包括感叹句和反问句。顾名思义，感叹句和反问句两者所具有的重要特点就是都用来表达说话人的一种主观情感和立场。从外部功能上看，反问句出现在连续话语中，是一个不以寻求对方的回答为目的，主要表达说话人主观意愿的话语单位（于天昱，2018：37）。可见，反问句在表否定的同时也带有说话人明显的情感态度。

立场标记层面评价项是本书的研究对象，主要指的是通常不具备词汇意义，不影响句子的真值条件，形式上相对独立，但能明确反映出说话人的主观立场和主观看法，在表达说话人交际意图和影响听话人理解方面发挥着重要作用，可看成现代汉语评价系统的典型成员。现代汉语中有很多颇具特色的评价性立场标记，主要包括：表示责怪或抱怨的立场标记"你看你、你瞧你、都是你、真是的、别提（了）、何必呢、何苦呢、又来了、谁说的"等；表示委婉指责的立场标记"不是我说（你）、万一（呢）、少来"等；表负面评价的立场标记"问题是"；表赞同态度的立场标记"这不、可不（是）、就是、那是、难怪、果然"等。从语义量级和元话语功能的角度来看，上述立场标记主要分为两类：一类是负面立场标记，对听话人进行否定、贬抑或批评，在具体语境中可以浮现出包括提醒、争辩、反驳、责怪等不同的语义等级；另一类是正面立场标记，对听话人进行肯定、赞同或认可，在具体语境中可以浮现出包括知晓、确认、赞同等不同语义内涵。正面评价和负面评价是评价系统中最核心、典型的内容。下文将重点从正面和负面两个角度来构建汉语评价立场标记的整体框架。

从上述讨论中可以发现，目前评价表达项已经涉及语言的各个层面。特别是随着互动语言学和话语功能语法的蓬勃发展,越来越多的学者关注评价表达所处的动态语境环境,并总结推导评价项的演变机制和动因,特别是结合互动中的会话合作策略以及主观性和主观化理论对评价表达的外部动因进行深入挖掘,同时加强与构式语法理论的联动性,共同解决相关问题。但是关于“现代汉语评价立场标记”的研究,目前仍以个案为主,未见系统性和框架性的探讨。汉语评价立场标记作为立场表达的重要手段之一,其形式构建、意义解读、形成过程、生成机制和动因、功能浮现的句法条件和语用制约等都需纳入立场表达和规约化的整体研究框架下,从而构建汉语评价立场标记功能表达的完整系统。另外,虽然前人已从话语标记、语用标记等角度对现代汉语中某些立场标记进行过一些探讨,也得出了有益的结论,但并没有将其置于立场表达的整体框架下进行考察,系统性不强。本书基于互动视角,从立场表达的角度重新定位汉语中的具有评价功能的立场标记,注重语言使用的互动环境与立场标记形式和意义上的联系,在一定程度上解释话语在互动中构建意义的本质特征。笔者认为,在互动语言学的视野下,综合运用多种理论方法对汉语评价立场标记加以系统深入研究,将有利于构建汉语评价立场标记研究的总体框架,从而进一步充实对该领域的研究。互动视角的引入,可以引导我们发掘言语互动中会话环境对评价立场标记的形式、意义和功能的影响和塑造,使我们对汉语评价立场标记的认识更加立体、更加全面。

第三章　汉语负面评价立场标记研究

根据考察,汉语中表示负面评价的立场标记的数量不少,且引起了汉语学界的关注,因为这类立场标记在演变机制和生成动因上有自身的特色,几乎都是规约化的结果,其形式、意义和功能的塑造都会受到言语互动中会话环境的影响,非常值得研究和探讨。根据笔者多年的研究,从内部起到主导地位的促动因素来看,表负面评价的立场标记主要分为以下三类:一是在反问语境下通过语境吸收形成的立场标记,二是内部包含否定成分通过隐喻和语用推理形成的立场标记,三是内部包含"极小量"成分通过隐喻和语用推理形成的立场标记。当然,促成负面评价立场标记形成的内部机制应不止上述三种情况,但囿于篇幅,本节主要从以上三个方面进行阐述,以期达到窥一斑而见全豹的效果。

3.1　在反问语境下通过语境吸收
形成的立场标记

本节主要考察反问语境下通过语境吸收的立场标记,笔者通过对"管他(呢)""何必(呢)"两个个案的描写,重点探讨"X呢"式立场标记的形成过程,分析其生成动因和机制。

3.1.1　立场标记"管他(呢)"的研究

"管他"是现代汉语口语中常见的表达式。对"管他"的结构性质,常用辞书的观点不一。《现代汉语八百词》(增订本)、《现代汉语词典》(第7版)和《现代汉语虚词词典》都未将它收录为词。其中,《现代汉语八百词》(增订本)(1999:241)将"管"看成连词,表示"动作不受所举条件的限制",相当于"不管"。《现代汉语虚词词典》(1998:243)同样也认为"管"是一个连词,用于口语,后常有"他/它"。可以看出,虽然各家将"管"看成是连词,但是却承认它必须和一个虚指代词连用。《汉语大词典》(2.0版)却将"管他"看成是词,解释为"犹言不管或任凭怎么样"。各家对"管他"是否成词的观点各不相同,这是由于"管他"是从同形式的动宾短语演变而来,在"管他"的身上还带有一些短语的烙印。

王慧兰(2005)指出,"管他"而不是"管"更有资格成为具有连词功能的结构。

通过下文对"管他"成词过程的考察,笔者认为"管他"在现代汉语中已经具备了连词的功能,它经常处于句首位置起到衔接作用。

3.1.1.1　"管他"的连词化

连词"管他"是由动词"管"与代词宾语"他"的句法结构词汇化而来的。"管"在汉代《说文》中就已经出现,《说文·竹部》指出:"管,如篪,六孔,十二月之音。物开地牙,故谓之管。从竹官声。"从《说文》的解释可以得知"管"的本义是一种乐器,后引申为"钥匙",如"郑人使我掌其北门之管,若潜师以来,国可得也。"《左传·僖公三十二年》中"管"即"钥匙"之义,后由"钥匙"义引申为动词用法"统辖、管理"义,如"所举于晋国,管库之士,七十有余家。"(《礼记·檀弓下》)

魏培泉(2004:28)指出:"他"字最早原本是作"别的"讲,后来逐渐发展为"别人"的意思,又发展为第三人称代词,成为今日北方话主要的第三身代词。那么,指示代词"他"什么时候发展成为第三身代词的呢? 根据王力(1957:270)、唐作藩(1980:63)、郭锡良(1980:78)等人的看法,"他"作为第三身代词的用法产生于唐代。只不过郭锡良认为是起于初唐,而唐作藩认为起于盛唐。笔者赞成郭锡良的看法,认为初唐时"他"的第三身代词用法已经形成。从下文的分析中可知,"管他"中的"他"在并入之前,既可以指代人,也可以指代事物,两种情况皆有。

"管他"最早连用的例子见于宋代《景德传灯录》。例如:

(1) 岩头曰:"从他去住,管他作么。"道闲禅师一听,豁然有省。(《景德传灯录·卷十七》)

宋代,所见到"管他"的语料并不多,但具有一定的代表性。例如:

(2) 有般汉云:"管他道三喝四喝作什么,只管喝将去,说什么三十二十喝,喝到弥勒佛下生,谓之骑虎头。"(《碧岩录·第一则》)

(3) 翠云见处又且不然,山僧行脚三十来年,谁管他一日九十日,也无得,也无不得。(《五灯会元·卷十九》)

从上例中得知,连用的"管他"都是处于反问句中,用例不多,主要出现在佛经典籍中。另外,这里"管"的意思已不再是"管辖、管理"义,而引申为"理会、在意"义,"管"的具体动作义开始减弱,意义开始虚化。由于反问句特殊的语境义,即肯定形式表示否定意思,否定形式表示肯定意思,例(1)中"管他作么"的意思其实是"不用理会、在意他",其中代词"他"一般指称前文一个比较具体的人或事物。

元代,"管它"用例开始增多,主要出现在口语色彩比较浓厚的《金元杂剧》中,且出现的语境都是反问句。例如:

(4) 我几番着人寻那裴度来,与他些钱钞,教他寻些买卖做,此人坚意的不肯来。说他傲慢,你管他做甚么?(《全元杂剧·关汉卿·山神庙裴度还带》)

(5) 假饶亲贱孩儿贵,终不然便抛弃?他自有媳妇,你管他做什么?奴须是他亲生儿子亲媳妇,难道他是谁人我是谁?(《琵琶记·第三十一出》)

(6) 春秋这的是庄家种田之事。春种夏锄,秋收冬藏,咱秀才每管他做甚么?(《全元杂剧·官天挺·死生交范张鸡黍》)

以上例句和宋代的情况比较相似,动词"管"前一般都有一个明确的主语,有时虽然省去却可以补出。另外,代词"他"都是前指一个具体的人或者事,如例(4)中,"他"指代的是前文出现的"裴度"这个人,例(6)中,"他"指代的是"庄家种田"之事。

以上用例中的"管他"都还应看作述宾短语。不过,元代语料中也出现了值得我们关注的一些现象。先来看例句:

(7) 任屠也,你出了家也。你管他甚么猪肥羊贵。(《全元杂剧·马致远·马丹阳三度任风子》)

(8) 大人问刘洪端的,小人专在江边做贼。见财物便去伤人,那管他东西南北。(《全元杂剧·杨景贤·西游记》)

从例句中看出,代词"他"的指代功能开始减弱,并没有前指一个具体的人或物,而是具有了后指的倾向,一般指代某个抽象的概念而不是具体的人或物。如例(7)中代词"它"后指"猪肥羊贵"这个抽象的概念,例(8)中代词"他"则后指"东西南北"这一抽象的事情。这表示代词"他"已开始虚指,它不再能指称前文出现的事物,而是具有了后指的功能,这种具有后指倾向的代词就更像是无所指的虚指代词,而这一变化为"他"的并入提供了前提。

明代,"管它"用在反问句中的比例进一步增多,且多用于对话中。代词"他"除了具有后指的倾向外,还开始无指化。例如:

(9) 林冲道:"管他强弱,凡是奸党,一个都饶恕不得。"(《古本水浒传·四十九回》)

(10) 只见黑旋风李逵跳起身来,两手掩着耳朵,大叫道:"我不要听这般话!你们都怕,我偏天也不怕,索性领了全山人马,杀上东京,管他什么臣子皇帝,一齐都杀了。"(《古本水浒传·第五十回》)

(11) 王爷道:"那管他这些闲话,叫旗牌官押出辕门之外,一个一刀,管他甚么真的假的。"(《三宝太监西洋记·三十八回》)

(12) 露凝洞口三更白,雨打花心一点红,凤倒鸾颠浑未定,管他云鬓乱飞蓬。(《萤窗清玩·第四卷》)

上几例，例(9)中"他"具有后指功能，指称后面出现的"奸党"，其他几例中的"他"其实无所指称，特别是例(12)"管他"后接的是一个小句"云鬓乱飞蓬"，"他"已完全无指化。另外，以上例句中的"管他"基本都处于句首位置，由于句首的韵律限制，因此"管他"粘合成一个连词。连词"管他"后的成分主要是两类：一类是表周遍义的疑问代词或并列性成分，如"什么臣子皇帝""强弱"等；另一类就是一个小句，如"云鬓乱飞蓬"则是一个主谓宾齐全的小句。

3.1.1.2 "管他"连词化的机制

笔者认为，连词"管他"形成的主要机制是语用推理和语境吸收。

沈家煊(2004)指出："语用推理和推导义的固化是语义演变的主要机制"。语用推理是对隐含义的推导，是听话人根据语境从说话人的话语中推导出没有说出却实际要表达的意思。"管他"从宋代开始出现的语境几乎都是反问句。反问句是一种修辞性的问句，"管他"在反问句中的语义解释不同于陈述句和一般疑问句。反问句的语用特征是肯定的形式表达否定的意思，否定的形式则表达肯定的意思。"管他"最初的连用形式为动词"管"与代词"他"，"管"的意思为"在意、理会"，整个表达式表达肯定的意思，当它的使用环境越来越倾向于出现在反问句中，由于语境吸收，它的语义从肯定到否定。"如果话语形式经常传递某种隐含义，这种隐含义就逐渐'固化'，最后成为那种形式的固有的意义。"(沈家煊，1998)因此，"管他"表示"不在意、不理会"的隐含义由于经常使用，慢慢固定下来，成为"管他"的固有意义。正因为此，"管他"与"不管"虽然形式相对，一个肯定形式，一个否定形式，但都可以表示类似的意思。例如：

(13) 他终朝惨凄，我如何忍见之？他自惨凄，你<u>管他</u>怎的？若论为夫妇，须是共欢娱。(《琵琶记·第三十一出》)

(14) 亏心也子由他，造恶也尽交他。谩不过湛湛青天，离不了漫漫黄沙。上圣试鉴察，枉将他救拨，<u>管他</u>甚富那贫那！(《元刊杂剧三十种·看钱奴买冤家债主杂剧》)

(15) 上圣，此人平日之间，不敬天地，不孝父母，毁僧谤佛，杀生害命，当受冻饿而死。上圣<u>管他</u>做甚么！(《全元杂剧·郑廷玉·看钱奴买冤家债主》)

以上例句中，"管他"用于反问句，整个句子的意思表达的是一种否定的意思，如例(13)中"你管他怎的？"意思是"你不用在意他"，带有一种"不在乎、无所谓"的感情色彩，主观性比较强。正是由于"管他"经常出现在反问句中，逐渐吸收了这种语境义，使得"管他"由肯定义变为否定义。

3.1.1.3 "管他"连词化的动因

"管他"连词化主要动因有三种,分别是韵律因素、语用强调因素和代词"并入"因素。

3.1.1.3.1 韵律因素

冯胜利(1996)指出,"汉语最基本的音步是两个音节,双音节音步是汉语中最小的、最基本的标准音步。韵律词是由音步决定的,由一个音步构成的韵律词是标准音步。"当句法结构"管他"后接一个短语甚至一个小句时,最初形成的音步是:管/他/VP/S,"管"和"他"都只是一个音节,不在一个音步中,不是韵律词。韵律的不和谐会促使"管"与"他"在语音上要经历停顿转移和音步重组,变成:管他/VP/S,以达到韵律上的和谐。另外,由于"管他"主要出现在句首位置,"句首的自然音步韵律限制比句尾更严格"(董秀芳,2002a:276),因此处于句首位置上的句法结构"管他"更容易凝固成词。正是由于韵律的限制,听话人倾向于将"管他"当作一个整体来理解,语音停顿在"他"之后,笔者认为"管他"已经成为一个韵律词。

3.1.1.3.2 语用强调因素

说话人在反问时,总会或多或少地带上自己的主观感情色彩,反问句通常是表达的重点,是一种语用强调,而语用强调本身就体现了语言的主观性,因此反问句也是最有可能发生主观化的结构之一(沈家煊,2001)。"管他"用于反问句中,除了表示否定之外,还具有"不在意、不理会"的隐含义,带个人主观色彩。例如:

> (16) 公主道:"郎君,放他从后门里去罢。"妖魔道:"奈烦哩,放他去便罢,又<u>管他</u>什么后门前门哩。"(《西游记·第二十九回》)

> (17) 师徒正讲说,只见寒风凛凛,云气腾腾,前途又是一派山路。八戒道:"西北风急,只恐天将落雪,走路只走路,<u>管他</u>甚么眼见功德!"(《续西游记·第六十回》)

上两例中的"管他"都是用于对话中,除了表示"不管"之义外,还带有强烈的主观色彩,隐含说话人一种"无所谓,不在乎"的主观态度。

3.1.1.3.3 代词"并入"因素

上文提到的语用推理和主观化是"管他"词汇化的主要动因,这是从外部谈论的。其实,"管他"得以词汇化的内部原因是代词并入。并入(Incorporation)是指一个语义上独立的词进入另一个词的内部,二者合并成一个整体的过程(Baker,1988)。并入这个概念首先运用于生成语法,通常指一种共时平面的句法移位操作的规则,与历时词汇化中的并入不完全相同,但是两者有很多类似之处,因此此处笔者仍然采用"并入"这个概念。不少语言中都存在"并入"现象,汉语也不例外。

汤廷池(1991)、冯胜利(2000)和华莎(2003)等分别讨论了汉语中的"助词并入"和"介词并入"。王慧兰(2007)受到 Baker(1988)中"名词并入"这一操作的启发,提出了"代词并入"(Pronoun Incorporation)这个概念。王慧兰(2007:2)认为,代词并入是代词并入其所依附的成分,由独立词变为词内成分的过程。

"管"与"他"连用初期,代词"他"的指代功能还很强,一般可以在代词出现的前文找到它指代的成分,如:"春秋这的是庄家种田之事。春种夏锄,秋收冬藏,咱秀才每管他做甚么?"其中代词"他"指代的成分就是前文出现的"庄家种田"之事。如果代词与所指代的成分之间的距离变大,那么会影响代词的指代功能。如:"我几番着人寻那裴度来,与他些钱钞,教他寻些买卖做,此人坚意的不肯来。说他傲慢,你管他做甚么?"其中"管他"中"他"指代的成分"裴度"与"他"不在同一段落中,这样的分布必然导致读者花费较长的时间去寻找代词的先行语,从而影响代词的指代功能。"管他"中"他"的可及性变弱的一个重要表现就是"他"具有了后指功能,又如:林冲道:"管他强弱,凡是奸党,一个都饶恕不得。"其中"他"则后指"奸党"。代词"他"可及性变弱除了表现为指代词和先行词之间的距离加大,还同时表现在指代词所指称对象的抽象性变强,首先代词"他"指称前文一个较为具体的人或事,进而指称某个小句或命题,这在前文已提及,在此不再论述。

3.1.1.4 "管他"立场标记功能的产生

根据 Schiffrin(1987)、Fraser(1996、1999)、Traugott & Dasher(2002)等研究,话语标记(discourse marker),也称话语联系语(discourse connectives),是指序列上划分言语单位的依附成分。例如英语中的 Oh"哦",well"噢",I mean"我是说"等(《现代语言学词典》,2000;董秀芳,2007)。近年来,话语标记在汉语学界引起了广泛的关注,特别是英语学界做了很多引进和评介。国内研究主要有:黄大网(2001a、b)、于国栋等(2003)、高增霞(2004a、2004b)、刘丽艳(2005a)、董秀芳(2007)等。

话语标记是指在语言中不影响句子真值(即命题意义),只表达态度或步骤的语言成分。话语标记反映了语言使用者对语境的顺应,不仅可以帮助说话者构建语篇,同时还可以实现不同的语用功能来促进交际。它可分为承上型话语标记语、当前型话语标记语和启下型话语标记语三种类型(于国栋等,2003)。

连词"管他"除了表示"不管"义之外,还带有"不在乎、无所谓"的感情色彩,这种隐含义是由语境吸收造成的,由于话语形式经常传递这种隐含义,所以已经规约化了。例如:

(18) 李大人道:"刚才我叫张裁缝替我写条子,我告诉他'都意芝',他茫然不懂,写了个'多意芝'。我说不是的,和他口讲指画,说了半天,才写出来,他说那是个'约'字。"旁边一个道:"<u>管他</u>'都'字'约'字,既然上海人念成'约'字,我们就照着他写罢,同安里'约意芝'。"(《二十年目睹之怪现状·七十七回》)

"管他"除了表示"不管"义之外,其实隐含了说话人对对方提出的看法所采取的"不在乎、无所谓"的态度,具有主观性,同时"管他"还带有劝告的口气,希望对方也能赞成自己的看法,又具有交互主观性。如例(18)说话人对"是'都'字还是'约'字"抱着"不在乎、无所谓"的态度,其实也是在劝告其他人也无须在乎。

当"管他"连词化以后,它主要位于句首位置,其后所带的成分在上下文中已经出现,由于是交际双方已知的信息,因此能够省略的可能性较大。例如:

(19) 匡胤听说,点了点头,说道:"委实好个伶俐的孩子,可惜不是我的亲骨血。"郑恩把嘴一咂道:"二哥,你说这话儿,可不寒了那娃娃的心哩。<u>管他</u>什么青骨血白骨血,收这儿子,只当与你压个子孙儿。"(《飞龙全传·三十六回》)

例(19)中,连词"管他"后所带的成分正是听说双方正在讨论的情况,由于是双方都能意料到的情况,因此将"管他"后面的成分"什么青骨血白骨血"省略后也不会影响话语的理解。

正是由于连词"管他"处于句首位置,且后面的成分可以省略甚至隐含,因此当前面有其他小句时,"管他"正好处于小句与小句中间的位置,和两个以上的句子发生联系,使得其衔接功能得以凸显。另外,随着"管他"表示的"不在乎、无所谓"这种隐含义的使用频率加大,当这种用法进一步扩张,"管他"主要用来表示说话人对交际内容所采取的态度以及流露出的感情色彩,表达说话人对某一事件的看法、态度,具有主观性,而且还带有劝告的口气,劝告对方能够采纳自己的看法,又具有交互主观性。例如:

(20) 那太太便在旁说道:"老爷,玉格这话很是,我也是这个意思。这些话我心里也有,就是不能像他说的这么文诌诌的。老爷竟是依他的话,打起高兴来。<u>管他</u>呢,中了,好极了;就算是不中,再白辛苦这一荡也不要紧,也是尝过的滋味儿罢咧!"(《儿女英雄传·第一回》)

例(20)中,"管他"处于句首且其后的成分已隐含,使其处于句与句之间,起到衔接功能。"管他"属于命题以外的成分,不参与句子的真值表达,因此,较之连词"管他",这里的"管他"更加虚化,已发展为一个话语标记。

笔者认为,"管他"的话语标记功能主要是由它所处的句首位置和它的情态功能所造成的。一方面,"管他"处于句首位置,当前面有其他小句时,正好处于句与句中间,起到开启话轮的作用;另一方面"管他"同时具有主观性和交互主观性,因此"管他"具备了兼表衔接与表情态的双重功能,从而逐渐发展成为一个话语标记。

"管他"具有话语标记功能的最早用例应该在清代《红楼梦》中出现:

(21) 自己沉吟道:"不要被人看见笑话。"又念了一遍,道:"**管他呢**,左右粘上自己看着解闷儿罢。"(《红楼梦·九十回》)

清代其他用例如:

(22) 安老爷心想:"那个甚么吴大人,莫非吴侍郎出来了? 他是礼部啊! 此地也不曾听见有甚么案,这钦差何来呢? 断不致于用着钦差来催我的官项呀?"大家一时猜度不出。老爷道:"**管他**,横竖我是个局外人,于我无干,去瞎费这心猜他作甚!"(《儿女英雄传·十三回》)

(23) 此时李二听见有动静,遂说:"老哥们,外头可有动作,不知道是破阵的掉下去还是咱们伙伴掉了下去?"张三说:"**管他呢**,反正天亮再说。"(《大八义·四十一回》)

以上用例中的"管他"都可以看成一个话语标记,它已经摆脱了其后的成分,保持相对独立的地位。在形式上,"管他"可以单独使用,与后面句子有","隔开,可以跟语气词"呢"组成一个相对较长的语音形式"管他呢";句法上,不充当句子的主要成分,可以去掉而不影响完句;语义上,不影响句子的真值语义,基本不具有概念语义。作为话语标记的"管他"主要起到连接功能和表情功能,用在句与句之间,和两个以上的句子发生联系,它的辖域不再是一个句子的命题而是整个句子或者句段。

于国栋、吴亚欣(2003)指出,承上型话语标记体现了说话人当前话语与前面的话语在逻辑或语义上紧密相关,话语标记后面的话语是前面话语的必然发展。"管他"就属于承上型话语标记。如例(23)中"李二"听到有动静后,发表了自己的看法,而"张三"用了话语标记"管他呢"表明了自己对这个看法"无所谓、不在乎"的态度,同时也引出了自己的看法,即"反正天亮再说"。其实,此处"管他呢"省略后并不影响句子的真值条件,也不妨碍人们对句子的理解,但是使用话语标记"管他"可以使语篇的发展更加自然,也让听话人可以更好地理解语篇和说话人的话语用意。

董秀芳(2007)认为:"话语标记具有主观性(subjectivity)和程序性(procedural)。话语标记之所以具有主观性,是因为话语标记反映了说话人对话语单位之间的关系或话语单位与语境之间关系的主观认识。所谓程序性,是指话语标记表达的是程序意义(procedural meaning),程序意义是与概念意义相对的。""管他"的话语标记功能正体现在主观性和程序性上。主观性是由"管他"发生词汇化的反问语境所赋予的,具体表现在:"管他"除了表示"不管"义之外,还带有一种"无所谓、不在乎"的感情色彩,同时还隐含一种劝说的意味,具有主观性和交互主观性。程序性则体现在"管他"主要起到连接话轮的作用,用于结束一个话轮,开启新的话轮,主要用于句首,与主句间有停顿。它不影响句子的真值条件,只会对话语关系的理解产生影响。目前,从互动视角来看,"管他"除了表示"不管"义外,在具体的语境中主要表达了说话人一种"不在乎、否定"的负面立场态度,可进一步看成一个典型的负面评价立场标记。

3.1.2 立场标记"何必(呢)"的研究

"何必"是现代汉语口语中常用副词。《现代汉语八百词》(增订本)(1999:263)将"何必"解释为"用反问语气表示不必",词性定为副词;肖奚强(2003)、史金生(2003)等进一步将"何必"看成语气副词;张谊生(2000:21)为了突出"何必"的评注性功能,将其定性为评注性副词。"何必"主要用于命题之外,表示说话人对于命题的主观态度,与语气副词的整体功能较为一致。张谊生(2000:18-21)认为,"何必"具有评注性功能,主要表示说话人对事件、命题的主观评价和态度。综合以上观点,我们将"何必"界定为表评注功能的语气副词。关于"何必"词汇化研究已有一定成果,如姜宝英(2008)、范宁(2010)和罗耀华、孙敏(2010)等。姜宝英(2008)和范宁(2010)并没有专门研究"何必"的成词,只是在探讨"何 X"的词汇化过程中提及"何必"的成词问题;罗耀华、孙敏(2010)的研究更具有针对性,他们从历时角度考察了"何必/何苦"语义演变的规律和特点,并比较两者的异同点。笔者认为,以上研究都只讨论了"何必"的词汇化,并没有涉及"何必呢"的标记化。本节除了探讨"何必"的词汇化过程,还将重点考察立场标记"何必呢"的形成机制、动因以及语用功能等。

3.1.2.1 非句法结构"何必"的词汇化

刘红妮(2009:63-64)指出,"非句法结构"的词汇化是指两个没有直接组合关系,而只是在线性序列上相邻的序列成分经由词汇化而成为一个独立词的语言演变过程。未成词的"何必"正是属于这种非句法结构。

非句法结构"何必"最早出现在先秦时期,其中"何"是一个疑问词,义为"为什么";"必"是表"义务情态"的动词,义为"必须、一定",整个非句法结构表示"为什么一定"之义。例如:

(24) 人生实难,其有不获死乎? 天下多美妇人,<u>何/必</u>是? 子反乃止。(《春秋左氏传·成公》)

(25) 犹有弱而昧者,<u>何/必</u>楚? 仲虺有言曰,取乱侮亡,兼弱也。(《左传·宣公十二年》)

(26) 曾子问曰:"小功可以与于祭乎?"孔子曰:"<u>何/必</u>小功耳?"(《礼记·曾子问》)

(27) 知武子谓献子曰:"我实不德,而要人以盟,岂礼也哉? 非礼,何以主盟? 姑盟而退,修德息师而来,终必获郑,<u>何/必</u>今日?"(《左传·襄公九年》)

从以上例句得出,"何必"在最初连用阶段以非句法结构形式出现,"何"表示疑问,情态动词"必"与其后宾语组成直接成分,且宾语以结构短小的名词性成分为主,如"是""楚""小功""今日"等。

这一时期,非句法结构"何必"前分句中一般会出现并列选择项,整个非句法结构表达询问语气,即对选择某种情况而不选择另一种情况的原因进行询问。如例(1)"何必是"前分句中出现了"其他美妇"这一并列项,"是"与"其他美妇"相对而言,意思是"为什么一定要选择这个美妇而不选择其他美妇?"

汉代,"何"与"必"仍各自保持独立,但是情态动词"必"后所带成分不再以名词性成分为主,动词性成分开始增多。例如:

(28) 至吴,吴王愠曰:"天下同宗,死长安即葬长安,<u>何/必</u>来葬!"复遣丧之长安葬。(《汉书·卷三五·列传第五》)

(29) 夫攻子贡之短,可言赐不好道德而货殖焉,<u>何/必</u>立不受命,与前言富贵在天相违反也?(《史论·论衡》)

例(28)中,非句法结构"何必"前一分句中出现了并列选择项"葬长安",整个结构仍表示询问。例(29)中,"何必"后接的是一个动词性成分。

魏晋六朝,随着"何"与"必"连用的例子增多,以及它所处语境的变化,"何必"的用法发生了改变,出现了重新分析的可能。例如:

(30) 妻每谏恢曰:"昔人有容身避害,<u>何必</u>以言取怨?"(《后汉书·乐恢传》)

(31) 夫应龙以屈伸为神,凤凰以嘉鸣为贵。<u>何必</u>隐形于天外,潜鳞于重渊者哉?(《三国志·卷五七·吴书一二》)

例(30)中,"何必"前一分句中的"容身避害"不是一个并列选择项,而是某种前提条件,"以言取怨"从语义上看是消极性的,并不是几种选择项中的一种,"必"的"一定"义已不再明显。这里"何必"有重新分析的可能,可以理解为询问原因;另外,由于反问句特殊的语境特征,我们更倾向于将"何必"解释为"不必",表示不赞成某种做法,具有了词汇化的倾向。例(31)中"何必"同样可作重新分析。

唐代,"何"与"必"之间的界限逐渐消失,已凝合成一个语气副词,用反问语气表示"不必"。例如:

(32) 自然言足为天下教,行足为天下法,仁足以劝善,义足以禁非,又<u>何必</u>宵衣旰食,劳神惕虑,然后以致其理哉!(《旧唐书·卷一九零 列传第一四零》)

(33) 我闻琵琶已叹息,又闻此语重唧唧。同是天涯沦落人,相逢<u>何必</u>曾相识!(白居易《琵琶行》)

例(32)中,"何必"后接的谓词性成分表示反问语气,整个结构不再表示询问语气,而是表达说话人一种否定、不赞同的态度,认为"宵衣旰食,劳神惕虑"这种行为是不必要的。例(33)亦是如此。

根据考察,"何必"的副词用法萌芽于魏晋,成熟于唐代。"何必"副词用法成熟的表现主要有:其一,"何必"后接成分的性质由体词性向谓词性转变,且结构由简单变复杂;其二,"何必"可以与其他副词连用共同修饰后面的谓词性结构。

当"何"与"必"连用初期,情态动词"必"所接成分以体词性为主,其结构层次可表示如下:

$$[何[必+[NP]]]$$

其中"何"为疑问词,情态动词"必"和NP组合后再与"何"发生关系,"必"为句中核心动词,"何"与"必"的分立十分明显。当情态动词"必"所接成分逐渐发展为谓词性成分时,一个句法结构中则出现两个谓词性成分,前一个谓词性成分容易发生虚化。在上述结构中,随着语义重心落向VP,"必"不再是句子的核心动词,继而退居次要位置,容易与前面的"何"凝合,逐渐发展为一个表评注功能的语气副词。经过重新分析,其结构层次发生了变化,即:

$$[[何必]+[VP]]$$

"何必"副词用法成熟的另一个标志便是可以与其他副词连用,共同起到加强语气的作用。例如:

(34) 臣以为天子之孝,在于保安社稷,司牧烝黎,功超百王,庆流万代。亦<u>何必</u>守臣下之小节,蔑皇王之大猷,固阻群情,务成谦德。(《柳宗元集·卷三十七》)

(35) 且投箄者不能救饥,持戟者不能御骑,又<u>何必</u>申小惠,推私恩,启民心之

奸,弛古刑之典者哉!(《欧阳修集·卷七十一》)

以上例句中,"何必"可与"亦""又"等副词连用共同修饰后面的谓词性成分,表明这里的"何必"已发展为一个典型的语气副词。

3.1.2.2　立场标记"何必(呢)"的形成时间

立场标记不具备概念意义,不影响句子的真值,它是指示前后话语之间关系的连接纽带;另外,它还表明说话人对话语信息的评价、立场、态度等。

副词"何必"除了表示"不必"义之外,还表达说话人"否定、不赞成"的态度,这种隐含义是由语境吸收造成的,由于话语形式经常传递这种隐含义,所以已经规约化。例如:

(36) 他就起个不良之心,出去对陈祈道:"原契在我拙荆处,一时有些身子不快,不便简寻。过一日还你罢。"陈祈道:"这等,写一张收票与我。"毛烈笑道:"你晓得我写字不大便当,何苦难我? 我与你甚样交情,何必如此? 待一二日间翻出来就送还罢了。"(《二刻拍案惊奇·卷十六》)

"何必"其实隐含了说话人对对方提出意见所采取的"否定、不赞成"的态度,具有主观性,同时它还带有劝解语气,劝告对方也能赞成自己的看法,具有交互主观性。例(36)中,说话人"毛烈"用"何必"表达自己对"陈祈"所提建议的不赞成,其实也是委婉地劝告"陈祈"放弃自己的想法。

当"何必"成词后,它可以位于句首位置,所带成分往往在前文已出现,属于已知信息。从语言经济性角度出发,说话人更倾向于使用指示代词回指前文的某一成分。例如:

(37) 赵源问她姓名地址,那女子说道:"郎君只要能得到一个美女就得了,何必一定要知道我的姓名地址呢?"实在追问不过,女子就说:"我常常穿绿衣服,你就叫我'绿衣人'就是了。"(《剪灯新话·卷四》)

副词"何必"所带的成分正是听说双方正在讨论的情况——女子的姓名地址,由于前文已出现,此处可将"何必"后面的成分省略,形成"何必呢"结构,并通过指示代词回指的方式加以说明,从而造就了"何必"与"如此""这样"连用的情况。例如:

(38) 贾母、贾夫人走上殿去,元妃便站起身来,贾母、贾夫人要行国礼,元妃便一手拉了贾母,一手拉了贾夫人,道:"不用行礼,此处已非禁地,何必如此呢?"因命宫女设坐,贾母、贾夫人谢了坐,方才坐下。(《补红楼梦·第三十二回》)

(39) 贾母听说,向盘内看时,只见也有金璜,也有玉块,或有"事事如意",或有"岁岁平安",皆是珠穿宝嵌、玉琢金镂,共有三五十件。因说道:"你也胡闹。他们出家人,是那里来的? 何必这样? 这断不能收。"张道士笑道:"这是他们一点敬意,小道也不能阻挡。老太太要不留下,倒叫他们看着小道微薄,不像是门下出身了。"(《红楼梦(程乙本)·第二十九回》)

例(38)中,指示代词"如此"出现在"何必"之后,这时"何必"与"呢"还没有固化。笔者发现,指示代词"如此"在语篇中所指代成分可以是某种情况,抽象度较高,且指代词与先行语之间的距离较远,从而导致其指代性的降低。在某些语境中,指示代词"如此"可以不出现,从而实现"何必呢"单独使用的局面。例(39)亦如此。

一旦实现"何必"与"呢"的连用,"何必呢"便容易发生固化。由于语气副词"何必"本身具有主观评注功能,可以充当高谓语,附加"呢"之后,"何必呢"主观评注功能突显,充当谓语,前面可以出现副词"又"加以修饰。这时指示代词"这"可作为复指性话题充当主语。例如:

(40) 孙氏娘子牵着阿桂,来至厅上,与陈音磕头。陈音还礼不迭。阿桂已经十岁,出落得眉清目秀,不像阿爷的神气。磕头起来,阿桂叫了一声伯伯,孙氏也问了好,方退进房去。陈音道:"这又何必呢?"蒙杰笑道:"我还嫌她的头磕少了。"(《热血痕·第二十八回》)

例(40)中,"何必呢"充当谓语,前面出现副词"又"加以修饰,作为话题成分的指示代词"这"充当主语,整个结构强调意味十分明显。

总体来说,由于"何必"所处的句首位置,且后面的成分可以省略甚至隐含,当"何必"与句尾语气词"呢"组合后,便形成了结构式"何必呢"。"何必呢"经常处于说话人话轮的结束处,提示新话轮的开启,增加话语之间的连贯性,另外,"何必呢"具有主观性和交互主观性,因此"何必呢"具备了表连接和表情态的双重功能,其功能最主要体现在对前面观点一种"不赞成"的主观立场,可以看成一个表示负面评价的立场标记。

"何必呢"具有立场标记功能的最早用例出现在清中期的著作中:

(41) 朱光祖道:"是了,你先给我磕头,我再告诉你。"人杰站在那里发怔,大家也不知所以。计全抢着说道:"朱大哥,你究竟是什么葫芦卖什么药? 拿人家小孩子在这里作耍,何必呢?"朱光祖笑道:"我说出来,可是要人杰给我磕一百个头。"(《施公案·第二百七十回》)

以上用例中,"何必呢"可以看成一个立场标记。在形式上,它可以单独使用,与后面句子用问号隔开；句法上，不充当句子的主要成分，可以去掉而不影响完句；语义上，不影响句子的真值语义，基本不具有概念义；功能上，它具有语篇功能和立场表达功能，它能使前后话语更加连贯有序，同时表达了说话人"不赞成"的负面立场。例(41)中，"何必呢"可看成立场标记，当"朱光祖"发表自己的想法之后，"技全"首先用立场标记"何必呢"表明一种"否定、不赞成"的主观立场，同时也引出自己的看法，"不应该拿人家小孩子在这里作耍"。这里"何必呢"省略后并不影响我们对句子的理解，即不影响真值条件，但是使用后有助于语篇的发展和听话人对说话人话语用意的理解。

3.1.2.3　立场标记"何必(呢)"的生成动因

所谓"诱因"是指语言变化的诱发、促动因素，即诱发语言使用者对某一语言的变化做出某种确认、分析和解释的客观因素(李广瑜，2010)。总的来说，话语标记产生的直接动因来源于言语交际本身的特点与交际所要达到的目标之间所存在的矛盾。言语交际过程是一个交际双方积极参与的互动过程，这一过程具有一定的动态性、互动性和随意性，这些特点在不同程度上阻碍交际的顺利进行，而话语标记正是交际双方克服这种障碍采用的一种语用机制。具体到立场标记"何必呢"的形成动因，笔者认为主要是一种语用强调。在言语交际过程中，说话人总会或多或少地带上自己的主观感情色彩。"何必呢"经常处于反问句中，更是体现了这种语用强调。"何必呢"用于反问句中，除了表示"不必"义之外，还具有"否定、不赞成"的隐含义，带有个人主观色彩；同时，为了达到交际互动的目的，说话人会使用一些语言形式表达对听话人"自我"的关注，这种关注可以体现在认识意义上，即关注听话人对命题内容的态度；但更多的是体现在社会意义上，即关注听话人的"面子"或"形象需要"(吴福祥，2004)。说话人为了维护听话人的"面子"或"形象"，并不直接否定说话人的观点或看法，而是采取一些比较委婉的表达形式，如本节研究的"何必呢"正是这种委婉的表达形式。先看例句：

(42) 一帮文友们，有感于昔日的海程书记对南阳文学创作的关心和对南阳作家的真诚友情，有人建议让公家请一顿，大家聚聚。同宾不悦，说，<u>何必呢</u>，咱们凑份子吧。(周熠《周同宾其人其文》)

(43) 她很坚决，不为我所动，继续练，说："即便要冒中风的危险，我也不怕，我是豁出去了。""<u>何必呢</u>。"我恳求她，"当初你不是也认为他是精神病胡说，为何到这会儿又认真起来？"(王朔《痴人》)

(44) 石继志不由脸色一红，不想莫小晴在马上一歪身，整个身体几乎全倚在石继志怀中，娇声道："怎么样？我们就是我们！妹妹就是妹妹，你又生的哪门子气呀?"石继志不由大感不安,皱紧眉头,半推莫小晴道:"<u>何必</u>呢? 还是让人家过去算了。"(萧逸《七禽掌》)

(45)"请动巫罗,又花了不少钱吧……"对于十巫的判断无法置疑,九叔只好嘀咕,无奈地摇头,"<u>何必呢</u>……格勒那个家伙,活该被关在地官里! 你又为什么……"(沧月《镜·龙战》)

例(42)中,说话人没有直接否定听话人的想法,而是采用了立场标记"何必呢"。这里"何必呢"带有劝告和商量语气,这种语气可以维护听话人的面子,如果去掉"何必呢",虽然不影响句子的真值条件,但是不利于交际的顺利进行。例(43)、例(44)和例(45)亦如此。

3.1.2.4　立场标记"何必(呢)"的生成机制

笔者认为,立场标记"何必呢"形成的机制主要是语境吸收、语用推理和重复机制。"如果一种话语形式经常传递某种隐含义,这种隐含义就逐渐'固化',最后成为那种形式固有的意义。"(沈家煊,1998)"何必"从汉代开始出现的语境大多是反问句。反问句是一种无疑而问的问句,"何必"在反问句中的语义解释不同于陈述句和一般疑问句。反问句的语用特征是肯定的形式表达否定的意思,否定的形式则表达肯定的意思。"何必"在最初连用时整个非句法结构表达"询问"之义,当它的使用环境越来越倾向于出现在反问句中,由于语境吸收,它的语义范畴则转变为否定,意思是"不必"。沈家煊(2004)指出:"语用推理和推导义的固化是语义演变的主要机制。语用推理是对隐含义的推导,是听话人根据语境从说话人的话语中推导出没有说出却实际要表达的意思。""何必"表示"不必"的隐含义由于重复使用,慢慢固化下来,成为"何必"的固有意义。笔者认为,说话人对某个事件或观点表示"否定",实际上隐含了说话人一种"不赞成"的主观立场,这种立场态度是"何必"情态功能的表现之一,正是这种情态功能为"何必呢"立场标记功能的产生提供了前提条件。例如:

(46)西域国属匈奴,与属汉何异? 单于数连兵乱,国内虚耗,贡物裁以通礼,<u>何必</u>献马裘?(《后汉书·卷八九·列传第七九》)

(47)小毛子因问他道:"这几天来,可还没有把南京城攻下来么?"章熏喟然叹了一口气,答道:"正是呢! 我就为此事,这几天,心上不舒服呢!"小毛子道:"<u>何必呢</u>! 人家不是常常都在说,兵家胜败,是一件常事么?"(《民国艳史·第二十七回》)

例(46)中,"何必"用于反问句中,整个句子表示否定的意思,同时也隐含了说话人不赞成"献马裘"的这种做法。正是这种语用推理使得"何必呢"的立场标记功能得以产生,如例(47)中"何必呢"已经发展成一个立场标记。

3.1.2.5 立场标记"何必（呢）"的语用功能

话语标记反映了语言使用者对语境的一种顺应,不仅可帮助说话者构建语篇,同时还可实现不同的语用功能以促成交际(于国栋、吴亚欣,2003)。立场标记"何必呢"的语用功能具体表现在以下四个方面:立场表达功能、语篇组织功能、隐性否定功能和人际互动功能。这些功能从不同侧面体现了交际主体的元语用意识,即交际主体对语篇连贯性的关注以及对交际主体之间关系的关注。

3.1.2.5.1 立场表达功能

方梅、乐耀(2017)指出,"立场表达是言语交际双方在特定的互动背景下,通过一定的语言形式的使用,来合作构建彼此对言谈中某一事物的看法、态度、情感倾向等。"笔者认为,立场标记在语用上最为重要的功能是表达说话人的立场态度。在具体语境中,立场标记"何必呢"主要表达说话人一种不认同的主观态度。例如:

(48)"都是老太太惯的!"他偷偷在肚子里说。下唇忍不住外窝了一下。可是芳姑太走出来了。她绷着脸劝开她弟弟,轻轻动着嘴唇,好像怕使自己太费劲:"<u>何必呢</u>,何必呢? 跟他们吵什么嘎?"(张天翼《在城市里》)

(49)"我问你,飞机怎么飞不起,有毛病吗?"夏一飞说着,走到场里来了。"出去,出去!"李光汉大声地吼。"<u>何必呢</u>,兄弟! 我只站一会,……来,你的枪我看一会,看是哪国货。"(曾卓《诗人的两翼》)

以上两例中,"何必呢"除了表示"不必"义外,更多的是表达了说话人对前者所说的内容一种不赞同、不认同的主观态度,这种负面立场正是在具体的语境中动态浮现出来的。

3.1.2.5.2 语篇组织功能

语篇组织功能主要体现为交际主体对话语本身连贯性的关注。为了避免听话人在话语理解过程中付出较多努力,同时减少听话人对话语理解的推理,说话人会采用立场标记的手段来帮助组织语篇。"何必呢"正是起到了这种作用,它从程序上制约话语的生成和理解,使说话人的话语更加连贯有序。例如:

(50)高洋泪汪汪地抱着我肩头连声说:"和了吧和了吧。都是哥们儿,<u>何必呢</u>?"我和高晋泪眼相对,然后各自伸出手握在一起,大家一拥而上,像女排队员拿了世界冠军后头抵头、互相搭着肩头围成一圈一样喜极而泣。(王朔《动物凶猛》)

(51)我冲着她耳朵大声说:"小姐,能不能请那胖子小声点儿?"她摇摇头,也冲我耳朵大声说:"不行的,人家那位先生预付了钱。"阮桑向我探过身,同样大声说:"<u>何必呢</u>,他总有唱完的时候。"(梁晓声《泯灭》)

(52) 于是见到梅真的是动了气,男人的那种软硬兼施的本能又使了出来。"梅,*何必呢*? 这个家不是好好的,我那样做也许是有点过分了,我道歉,我还不是为了你,为了这个家。""东平,事情已经到了这一步,我们又*何必呢*? 好合好散吧,我也不是因为你做错了什么。"(董懿娜《斯人已去》)

这里"何必呢"虽然省略后并不影响句子的真值条件,也不妨碍人们对句子的理解,但是它对组织话语起到调控作用,使得语篇的发展更加自然,也使听话人能够更好地理解语篇和说话人的话语用意。

3.1.2.5.3 隐性否定功能

立场标记"何必呢"在表层形式上没有显性的否定标记词,它的否定义是其在演变过程中通过语境吸收推导出来的,并逐渐固化,最后成为这个形式的固有意义。这种否定,可称之为"隐性否定"。(孔庆成,1998)立场标记"何必呢"除了表示说话人对交际内容所采取的主观态度和观点外,同时还蕴含了对其前面话语所表达的内容或事件的隐性否定,即说话人认为"何必呢"前面的话语所表达的想法或事件有所不妥,需要进一步修正,因此通过"何必呢"对前面内容进行否定,并同时引出自己的真正观点和想法。例如:

(53) 有时我也觉得母亲、锦昌、郁真、倩彤,甚至是沛沛,都活得过分地紧张了,时常执着一句半句说话,就恼半天,*何必呢*? 很多时是言者无心,只是听者有意,这种一厢情愿的被逼害与不如意,其实十分的划不来,只害惨了自己!(梁凤仪《风云变》)

(54) 父亲执意要在晚饭以前到弟弟学校里再去找一找。我劝他算了,找到了,见面也不愉快,*何必呢*? 下次等你时间充裕一点的时候,我们再来找他。(朱文《我爱美元》)

(55) "其实,我一点也不喜欢跳舞,太耗时间了。""李主任,那以后你别找我们跳舞了。"丁兰兰说,"*何必呢*,不喜欢跳,硬跳,多累得慌呀!""李主任您可真够逗的,也没人逼着你跳呀?"林雁冬也带笑不笑的在一边说。(谌容《梦中的河》)

以上三例中,立场标记"何必呢"后面的内容蕴含了对前面内容的一种隐性否定,说话人认为前面内容有所不妥,因此需要通过"何必呢"提出新的观点和看法。

3.1.2.5.4 人际互动功能

刘丽艳(2011:68)指出,"话语标记的人际互动功能体现在交际过程中交际主体间的相互关注,即交际主体间相互配合、相互提示,共同作用于交际。"通常情况下,说话人在表达自己的观点、立场时最关心的是听话人是否理解自己话语的意思,是否同意和接受自己的观点,因此说话人在交际过程中会采用某些语用策略,如立场标记来吸引听话人的注意,调动听话人参与意识。在言语交际过程中,说话人如果直接否定别人的观点会伤害到对方的面子,显得非常突兀,不利于交际的顺利进行。为了维护听话人的面子和遵循礼貌原则,说话人会采取某种委婉和恰当的表达方式,这里立场标记"何必呢"的使用正是体现了这种人际互动功能。先看例句:

(56) 李:消消气儿,消消气儿,老何。啊,谈谈。关于您指控我们侵权的事儿,有些情况您还不太了解。就是有必要……

何:我不要听。事情已经很清楚了,没有什么好谈的。

李:<u>何必呢</u>。多听听情况有什么不好。这也有利于你更好地解决问题。(《编辑部的故事·侵权之争(下)》)

(57) 潘佑军一定要请杜梅吃午饭。

"<u>何必呢?</u>"杜梅说,"我中午在食堂吃就行,下午还要上班。"(王朔《过把瘾就死》)

(58) 她摇摇头,黑白分明的眸子坦白而无邪:"我很少看书,尤其是诗,我看不懂。"我愣了愣。"那么,你如何去了解他的思想领域?"我冲口而出的说。"什么?"她有些莫名其妙。"你在说什么?""我说——"我咽住了,算了,<u>何必呢?</u> 这不是我管得着的事。(琼瑶《寒烟翠》)

以上三个例句中,立场标记"何必呢"除了表示"不必"义之外,还隐含了说话人一种"不赞成、不同意"的感情色彩,具有主观性,同时"何必呢"还带有一种"劝告"意味,希望对方能够同意自己的观点和看法,又具有交互主观性。如例(56)中,"李"对"何"的想法不太赞成,但是为了对方的面子,他没有直接否定"何"的想法,而是采取了一种委婉的方法,使用立场标记"何必呢"以一种劝告和商量的语气来表达自己真正的想法和观点。正是由于立场标记"何必呢"的使用让言语交际可以顺利进行。

3.1.3 "X呢"式立场标记的研究

本节关注的是由双音副词 X 与语气词"呢"构成的反问格式,这类格式不仅具有话语标记的种种特征,还表达说话人的负面立场,可进一步将其看成立场标记。现代汉语中"X呢"式立场标记主要包括:"岂止呢""哪能呢""何必呢""何苦呢","X"一般由双音副词构成,如"岂止""哪能"[①]"何必""何苦"等,其中都包含了疑问

---

① 关于"哪能"的性质,常用辞书观点不一。吕叔湘主编《现代汉语八百词》(增订本)、《现代汉语词典》(第7版)和张斌主编《现代汉语虚词词典》都未将"哪能"收录为词。《汉语大词典》(2.0版)却将"哪能"看成是词,表示"怎么能够",用于反问语气,表示否定。此处暂将"哪能"归入副词。

词。"呢"是语气词,整个话语标记的核心语义是否定。

随着话语功能语言学和互动语言学研究的深入,汉语学界开始从立场表达角度对汉语反问句式进行再探讨,主要分为整体研究和个案研究。关于反问句式的整体研究有刘娅琼、陶红印(2011),个案研究集中在张田田(2013)、朱军(2014)、宗守云(2016)、胡习之(2017)、王悦(2019)等。但我们所关注的"X呢"类反问格式目前学界关注得不多。本节是笔者在前文中出现的"何必呢"①个案研究基础上进一步的拓展,且研究视角也发生了改变。在此笔者对"X呢"式反问结构进行整体研究,并从立场功能的视角考察其使用环境和语用功能,探析其演变过程和生成机制,将共时和历时有机结合起来。

3.1.3.1　"X呢"式立场标记的句法语义特征

"X呢"式立场标记主要出现在受话人应答的话语中,一般不处于对话的开始。Sacks 等(1974:696-735)指出:话轮是谈话中的一个自然单位,取决于说话人角色的转变。"X呢"式立场标记在语篇中的位置分布主要有以下四种:话轮之始、话轮之中、话轮之末和独立充当话轮。例如:

(59)"不好意思,我不认识,不过看到这样热烈的掌声,就知道一定厉害。"

"岂止呢,人家获得好多奖项呢,而且身材超级棒的。"佳佳花痴的看着屏幕。(景夕言《他与时光皆薄幸》)

(60)我说声:"谢谢!"

"可要仔细想想啊! 何必呢,老赵! 为环环想想吧!"

他装得多么慈善啊! 我忍不住又要"随地吐痰"了。(戴厚英《人啊人》)

(61)有人说:"你不是泰顺人,又不是一辈子在泰顺,何苦呢?"老章说:"让泰顺的孩子都上学,是我的最大心愿。"(《人民日报》1996年)

(62)望着4个从一个模子里刻出来的小家伙,我不禁问道:"你不会搞错?"

"咳,哪能呢!"

健忘的王健一定忘了,几个月前她还在哀求医生:"医生,快告诉我,怎样才能认准我的儿子呢?"(《读者(合订本)》)

以上四例分别代表了上述所说的四种情况。例(59)"岂止呢"用在话轮之始,后续有其他语句;例(60)"何必呢"处于前后话轮之中;例(61)"何苦呢"处于话轮之尾,前有其他话语;例(62)"哪能呢"则是单独使用,可以独立充当话轮。

---

① 我们在《试论"何必呢"的标记化——兼论非句法结构"何必"的词汇化》一文中是对"何必呢"的个案进行研究,论证了"何必呢"作为一个话语标记的形成过程。

根据考察,"X 呢"式立场标记主要处于话轮之始,后接其他成分引出说话人的进一步的看法和观点。

"X 呢"式立场标记主要出现在互动式的口语对话体,还有一部分出现在独白体中,独白同样具有较强的口语色彩。"X 呢"式立场标记参与者双方的地位可分为三类:交际双方地位平等,言者地位低于听者,言者地位高于听者。以下三例分别代表上述三种情况:

(63) 丁满说:"唉!我们老板坚持要把这店铺租给那家,我没有权力更改,实在不好意思。东东,你不会怪我吧?"陈东东叹了口气,说:"哪能呢?"(《故事会》2005 年)

(64) 粞说:"莫吵了。吵来吵去也还是在一口锅里吃饭,何必呢?爸爸,你让妈一点不行么?"粞的父亲说:"那谁来让我呢?"(方方《桃花灿烂》)

(65) "他使刀、剑全无分别。我却费了几年心血求得这柄大宛名剑。唉,要它何益!"他将佩剑扔入湖中。夏国剑吃惊不小,道:"师弟,你又何苦呢?师父为我取名夏国剑,因西夏宝剑锋利异常之故。难道我得立马缚石沉江么?"(陈毅聪《新游侠列传》)

笔者集中考察了"何必呢"和"何苦呢"在北京大学 CCL 现代汉语语料库中出现的用例①,发现"X 呢"式立场标记主要用于地位较为平等的交际双方间,多见于朋友、同事、同学和同辈的家人等较为亲密关系。具体情况如下:

表 3.1 "何必呢"立场标记参与者的关系

CCL 现代汉语语料库("何必呢":123 例)					
地位平等 (89.43%)		言者地位高于 听者(2.44%)		言者地位低于 听者(8.13%)	
朋 友	76	上级对下级	1	下级对上级	1
同事/同学	12	长辈对晚辈	2	徒弟对师傅	1
兄弟姐妹	7			晚辈对长辈	8
恋 人	10				
夫 妻	5				
小计 110 例		小计 3 例		小计 10 例	

---

① 我们重点考察"何必呢"和"何苦呢"出现在对话体中,且交际双方关系较为确定的用例。

表 3.2 "何苦呢"立场标记参与者的关系

CCL 现代汉语语料库("何苦呢": 58 例)					
地位平等 (81.03%)		言者地位高于 听者(3.45%)		言者地位低于 听者(15.52%)	
朋 友	26	上级对下级	1	下级对上级	4
同事/同学	5	长辈对晚辈	1	晚辈对长辈	5
兄弟姐妹	8				
恋 人	4				
夫 妻	3				
医 患	1				
小计 47 例		小计 2 例		小计 9 例	

从表 3.1 和表 3.2 可以看出,"X 呢"式立场标记多用于交际双方地位平等的口语对话体中,言者地位低于听者的情况次之,言者地位高于听者的情况极少。这与一般的反问句的参与者关系似乎不同。在场景、话题等相同的情况下,社会地位高的说话人(如长辈)比社会地位低的人(如晚辈)更常使用反问句(刘娅琼、陶红印,2011)。之所以出现不一致的情况,主要与"X 呢"式立场标记的语用功能和生成机制有关,后文将详细阐述。

从表达式的整体语义出发,笔者发现"X 呢"式立场标记都带有共同的语义特点,即否定,且是一种隐性否定,具有同一性。孔庆成(1998)指出,"所谓隐性否定是指表层形式没有显性的否定词,其否定义是在演变过程中通过语境吸收推导出来,并逐渐固化的。"根据考察,此类"X 呢"中的"何""哪""岂"都是表示反诘语气的疑问词,使得整个"X 呢"结构处于反问语境中。反问句是一种形义相反的特殊问句,肯定形式表示否定义,且这种结构中不包含任何贬抑意义的词汇,这是一种"隐含否定"。因此[+隐性否定]是"X 呢"式立场标记的核心语义,委婉地表达了说话人对前面内容不赞同、不认可的主观态度,是一种负面立场的评价。例如:

(66) 菊花跟可馨分手时递给她一包钱:"这是你的。"可馨警惕道:"你别拿我也当傻子呵。"菊花笑道:"哪能呢,我们乡下人也是有规矩的。"(张欣《爱又如何》)

(67) 可慧又做了一个"木偶"舞姿,对父亲翻然一笑。

"爸,这两个字你用得很多,每次都浪费,而且影响父女感情,你<u>何苦呢</u>? 拜!"(琼瑶《聚散两依依》)

例(66)"哪能呢"在反问语境下表示"不可能"之义,属于隐性否定,同时也隐含了说话人"不赞同"的主观态度。例(67)"何苦呢"亦如此。

3.1.3.2 "X呢"式立场标记的语用功能

于国栋、吴亚欣(2003)指出,"话语标记反映了语言使用者对语境的一种顺应,不仅可帮助说话者构建语篇,同时还可实现不同的语用功能以促成交际。""X呢"式立场标记除了具有语篇衔接、凸显情态的基本功能外,还具备立场表达和人际互动功能。其中,立场表达和人际互动是其主要功能,也是将其看成立场标记的重要指标。

3.1.3.2.1 立场表达功能

"X呢"式立场标记主要出现在反问语境中,而反问句有可能是负面评价解读的重要过渡语境(bridging context)(方梅,2017)。"X呢"式立场标记在语境中主要用来表达言者的负面立场,是对听话人的行为、看法或者态度的一种负面或消极的评价。在否定对方的同时确立自己的立场和态度。根据考察,"X呢"式立场标记所表达的消极立场的等级是不同的,根据负面程度可分为以下四个等级,越靠右等级越高,规约化程度越高:

提醒<争辩<反驳<责怪

A. 提醒

提醒指的是说话人对听话人所说的内容进一步的补充和说明,提醒听话人关注没有注意到的内容。

(68)"你真打算要骑它去送外卖吗?"

"<u>岂止呢</u>,我还打算弄个拖车,让它拉着外卖跑呢。"(热晓《外卖至世界尽头》)

(69)叶昭笑道,"就算是我,现在想起那时的鲁莽,也还是感到很不好意思的。"

"这么夸张吗?"

"<u>岂止呢</u>,"叶昭半开玩笑半认真地说,"实话说,当我发现自己什么都没有却还胡乱提出了邀请的时候,羞愧到连找个地缝钻进去的心都有了。"(斜线和弦《东瀛娱乐家》)

例(68)和例(69),说话人通过"岂止呢"补充说明后面的内容,追补对方所忽略的信息,提醒对方的注意。

B. 争辩

争辩指的是对方的行为或想法与说话人的预期相悖,说话人用"X 呢"式立场标记来进行辩解,表示自己的不理解。

(70) "多少钱?""380。"这个价钱唤醒了我残存的清醒,"您是不是把最贵的推荐给我了?""哪能呢?"小姐双眼圆睁,一脸无辜的表情,"最贵的要 1000多!"(晓白《温柔莫"过"》)

(71) "你怎么在机关里骂李鹏呢? 那不是飞蛾补火吗?"我问。她无声地苦笑着,说:"哪能呢? 我再洒脱也不会傻到那个地步啊!"(白帆《女大学生综合症》)

例(70)和例(71)中,说话人对对方的言语感到意外和吃惊,用立场标记"哪能呢"进行争辩,表明了自己的态度。

C. 反驳

反驳指的是对方的行为或想法与说话人不一致时,说话人用"X 呢"式立场标记进行反驳,希望对方能够接受自己的想法。

(72) "热什么呀,就这几片菜叶,都不值个火钱,饭都滚烫的,两样一拌,正合适。""何必呢,妈! 家里又不是买不起菜,你这样亚平看到会伤心的,一把菜不过几毛钱,吃新鲜的也健康。"(六六《双面胶》)

(73) 爸爸低头瞧着他,咧嘴直笑。"投降吗?""投降。"他点点头,爬起来。"我真希望你们不要再斗了,"妈妈不安地说,"何必呢? 会把自己弄伤的。"(《读者(合订本)》)

例(72)和例(73)说话人明显是不赞成听话人的做法,因此用"何必呢"进行反驳,且进一步引出自己的看法,并希望对方也能接受自己的观点。

D. 责怪

责怪指的是当对方出现一些不合理、不恰当的言行时,且这种行为多会产生一些不好的影响,此时说话人用"X 呢"式立场标记来表达一种指责态度。

(74) 海藻一面给姐姐擦鼻子说:"擤擤! 用力!"一面理着姐姐的头发,"万一有一天他真跑了,你不懊悔? 既然打算跟他在一起,就好好对他嘛! 又在一起过,又寻别扭,何苦呢! 你这样子,都不像以前的姐姐了!"(六六《蜗居》)

(75) "得啦!"李槐英把小嘴一撇,俏皮地对道静说,"你们这些政治家向来是危言耸听,我不同你说这些了。林道静,你做了些什么事叫张莲瑞他们

对你这样？听说你还挨了王忠的打？……<u>何苦呢</u>，真是冤大头！"（杨沫《青春之歌》）

例(74)"海藻"觉得姐姐所表现的行为很不恰当，对他人也造成了影响，因此使用"何苦呢"不仅表示一种劝慰，其实也隐含了一种淡淡的责备之义。例(75)亦如此。

3.1.3.2.2　人际互动功能

"X呢"式立场标记除了具有立场表达功能外，还具备人际互动功能。刘丽艳(2011：68)指出，人际互动功能体现在交际过程中交际主体间的相互关注，即交际主体间相互配合、相互提示，共同作用于交际。"X呢"式立场标记表明说话人的负面立场，从交际的礼貌原则出发，为了照顾对方的面子，说话人一般不会直接使用否定形式，而是采用委婉的方式来表达自己的负面立场，这样才不显突兀，起到缓解作用。这同样可以解释一般反问句参与者是地位平等或者言者地位高于听者，而本节研究的"X呢"式立场标记的参与者有不少是言者地位低于听者的情况。因为使用这种迂回表达式可以照顾到听者的面子，表达了言者谦逊的态度，因此即便言者地位低于听者也是可以使用的。例如：

(76) 郭主任说："跟我一起住。"赵主任不赞成他："<u>哪能呢</u>？你一个跑腿子的，还能领上个小嘎？烧水烧饭，连连补补多不便。我领去，有我吃的，管保也饿不着他。"（周立波《暴风骤雨》）

(77) 苏秀珍的筷子又一次点到我的额头："你少刻薄，黑笔杆子！你当我不知道你的老底？当秘书的没有一个好东西！"我真想再给她几句，可是一下子想不起词儿来，只能气愤地把她的筷子拨了过去。孙悦见我们两人都有点恼了，就出来劝解道："<u>何必呢</u>？大家都是难得碰面的。"（戴厚英《人啊人》）

例(76)，说话人(赵主任)实际上要表达一种不赞成的立场，但是直接否定对方的观点会伤害对方的面子，因此使用"哪能呢"这种委婉的表达式。"哪能呢"在表达说话人负面立场的基础上，更是带有一种劝告的意味，希望对方能够接受自己的观点，又具备主观性和交互主观性。例(77)亦如此。

3.1.3.3　"X呢"式立场标记的生成动因和机制

"X呢"式立场标记的形成条件首先是X的副词用法的成熟。当X处于句首位置时，所带成分往往在前文已出现，属于已知信息，说话人倾向于使用指示代词"这"或"如此"回指或者直接省略后续成分。以"哪能""何必"为例：

(78) 且说四个占卜毕事之后，所有百官个个都向帝喾称贺，说道："四子皆有天下，这是从古所无的盛事。不是帝的仁德超迈千古，哪能如此呢！"(《上古秘史·二十四回》)

(79) 至于卖烧饼的摊子，他也叫人逐摊去买一个来，每个都要记着是谁家的，他老先生拿天平来逐个秤过，拣最重的赏他几百文，那最轻的便传了来大加申斥。我道："这又何必呢，未免太琐屑了。"(《二十年目睹之怪现状(中)》)

例(78)中，"哪能"后的指示代词"如此"指代前文提及的"四子皆有天下"情况。例(79)中，指示代词"这"指代前文出现的"逐个秤过"行为，后续成分因在前文不远处已出现，因此都可省略从而造成"X 呢"单独使用的局面。上两例中指示代词"如此"和"这"都可省略实现"哪能呢"和"何必呢"的凝合。

反问句是一种语用强调，而互动语气词"呢"①的使用可以降低这种强调对听话人面子带来的伤害，提醒对方的关注。同时"呢"还具有完句功能，使"X 呢"在音节上更加稳定，更易凝合成一个固定表达式。因此，我们可以推断出，"X 呢"中的 X 只有同时具备否定性和主观性这两个语义特征，才能与"呢"凝合成一个立场标记。

从语料中考察得出，"X 呢"式立场标记功能产生时间较晚，一般是明清或民国时期，主要出现在口语化色彩较重的白话文作品中，以对话方式为主。这是因为立场标记对命题的真值条件不发生影响，主要起到语篇衔接功能，同时也是表明了说话人的主观立场。

3.1.3.3.1　"X 呢"式立场标记的生成动因

乐耀(2011)指出，"所谓一个语言结构的演变动因，是指促动一个语言单位发生演变的原因、引起变化的因素，它决定了一个语言单位为什么要发生变化，动因一般来自语言系统之外。"笔者认为，"X 呢"式立场标记形成的主要动因是主观化和语用强调。"主观化"则是指语言为表现这种主观性而采用相应的结构形式或经历相应的演变过程(沈家煊，2001)。"X 呢"表达式在形成过程中经常处于反问句中，反问句是一种语用强调，同时体现主观性。该表达式在主观性的驱动下造成了否定的临时会话义，并逐渐规约化，隐含说话人不赞成的主观态度，是一种负面立场。例如：

(80) 有人曾对总经理方文说："花这么大的精力和资金做 10 年以后才能出成

① 关于语气词"呢"的互动性可参看方梅、乐耀《规约化与立场表达》，北京大学出版社，2017 年。

果的事,<u>何苦呢</u>?"这位杭汽轮的领头人说:"我就是要为后人栽树,为企业 20 年、50 年甚至更长远的发展奠定基础。"(《报刊精选》1994 年)

(81) 葡萄在一旁看着,对二大说:"爹,你跟他说,他就别沾手了。我给他推。"小伙子说:"那<u>哪能呢</u>? 大爷您让妹子给指点一下就行。"(严歌苓《第九个寡妇》)

(82) 刘姑娘一阵风似把他们撮走。言声仍然照原来的姿势坐着。我对她说:"你已经瘦得不能再瘦了,<u>何必呢</u>,他又不爱你。"刘姑娘笑答:"她要是会得回答,早就开口。"(亦舒《心之全蚀》)

例(80)中的"何苦呢"除了表示"不值得"之义外,还带有一种负面立场,表达言者的不赞成。这种否定都采取间接否定的方式,带有一种商量的语气,维护了对方的面子,保证了交际的顺利进行。例(81)和例(82)亦如此。

3.1.3.3.2 "X 呢"式立场标记的生成机制

根据考察,"X 呢"式立场标记的生成机制有两个方面:反问语境吸收和语用推理。沈家煊(2004)指出,"语用推理和推导义的固化是语义演变的主要机制。语用推理是对隐含义的推导,是听话人根据语境从说话人的话语中推导出没有说出却实际要表达的意思。""X 呢"表达式以出现在反问句中为主,由于反问句的语境吸收,X 都可表示"不 X"之义。一般来说,说话人对某种行为或观点的否定,实际上隐含了说话人的负面立场,这是一种语用推理,这种不赞同的态度和负面立场正是"X 呢"式立场标记形成的重要条件。笔者以"何必呢"为例:

(83) 阮小七见了,即行拜倒地上,道:"小弟此番失陷,有累哥哥忧心,伏乞恕罪!"宋江道:"自家兄弟,<u>何必如此</u>,你此番多少也吃一点苦楚,且行休养去罢!"(《古本水浒传·第二十六回》)

(84) 两个老头子同声嚷道:"啊也,我们佃户到这里来,断没有坐的道理,还是站着罢。"刘文叔忙道:"二位老丈,这是什么话? 赶紧坐下来,我不信拘那些礼节,而且我们又不是皇帝家,<u>何必呢</u>?"两个老头子,又告了罪,方才坐下。(《汉代宫廷艳史·六十三回》)

例(83)中"何必如此"用在反问句中,通过语境吸收表示"不必如此"之义,同时隐含说话人的负面立场。这种隐含义是通过语用推理实现的,并通过反复进行最终规约化,成为其固有语义。例(84)"何必呢"已发展成为一个立场标记。通过以上两例可看出"何必呢"表示负面立场的功能是通过语用推理最终规约化的。

3.2　内部包含否定成分通过隐喻和
语用推理形成的立场标记

本节主要考察内部包含否定成分通过隐喻和语用推理形成的立场标记,笔者基于立场标记"少来""难说"两个个案描写的基础上,重点探讨此类立场标记的形成过程,分析其生成动因和机制。

3.2.1　立场标记"少来"的研究

现代汉语中,"少来"主要有四种用法:

(85) 他也很少来公司,公司的事都交给了一个副总打理,而这个副总在许多事上又做不了主。(《中国北漂艺人生存实录》)

(86) 有个 40 多岁的赌徒说:"武警大哥,这些钱都归你俩了,我们每人再加1000 元,放了我们吧。"

赖达吉警告道:"少来这一套,武警不是贪财赌徒。"(《人民日报》1993 年)

(87) 王小石居然还能笑嘻嘻地道:"她是我'象鼻塔'的弟妹,我当然要保护她。"白愁飞嘿声道:"少来充好人了! 她在你生死关头,没帮着你,反而害你,这还算是你的弟妹!"(温瑞安《伤心小箭》)

(88) "我是你的夫婿,咱们拜过天地的。""少来,跟我拜堂的是我表哥的小厮,叫展展,跟你一点关系也没有。"(黄容《拥豹而眠》)

例(85)中"少来"中"少"表示数量、次数少(与"多"相对),"来"是一个实义动词,表示位移发生改变,后可接处所。例(86)中"少来"中的"来"不再表示具体的空间位移,相当于动词"搞",具有代替动词的功能。此例中"来"的用法赵元任(1979:290)称之为代动词,后接成分不再是处所词,而是抽象的名词性成分。"少"既可以理解为数量少,也可以理解为否定副词,可作双重分析。例(87)中"少来"后接动词性成分,从内部结构来看,"来"与后面 VP 构成"来 + VP",整体再受到"少"的修饰,整个结构表示"不要充好人"之义。此时,"来"的功能已经泛化,有并入到"少来"里成为词内成分的趋势。例(88)中"少来"可以单独使用,其后可加上语气词"了""啦"等。"少来"主要表示主观否定,认为对方想要表达的想法与自己的主观预期不同。此例中的"少来"不仅具有话语标记的种种特征,还表达说话人"不认同"的负面立场,可进一步看成立场标记。

本节研究的"少来"属于例(88)这种情况。目前关于"少来"的考察并不多,主要集中在以下两个方面：一是从构式角度考察"（你）少来 X"和"少来"，探讨其如何从一个可推导性较高的构式逐步定型化以及构式产生的原理，其中都注意到"来"的去范畴化在"少来"格式形成中所起到的作用（吕佩，2017；朱军、卢芸蓉，2019）。二是从历时角度考察"少来"的形成过程，认为否定副词"少来"演化自"S＋少来＋VP"句式（张亮，2017）。另外，也有学者对"少来"的使用环境和语体色彩进行描写，但并未深入下去，也未考察"少来"单独使用的情况（何凤至，2014）。笔者认为，立场标记"少来"的核心语义是"否定"。"否定"评价既是语言表达的意义概念，也是社会交际中重要的言语行为。这种语义概念在交际中如何具象化？它的表达是否与特定的会话序列相匹配？"否定"在交际中所浮现出的语义强度如何？另外，立场标记"少来"是由哪些因素共同促成的？这些问题在之前的研究中并未得到充分地讨论。本节立足互动视角，力求考察立场标记"少来"在言谈交际中所承担的语用功能以及核心语义的浮现，并探寻其形成过程和形成机制。

3.2.1.1 　"少来"的性质界定

前文提及，有学者将"少来"看成一个构式，笔者同意这一观点。从构式语法角度看，"少来"符合学界对构式的界定：C 是一个构式当且仅当 C 是一个"形式—意义"的配对$<Fi, Si>$，且 C 的形式（Fi）或意义（Si）的某些方面不能从 C 的构成成分或其他先前已有的构式中得到完全预测（Goldberg，2006）。例如：

(89) 唐华笑着："忙完深圳的事后，再放你十天的特休。""<u>少来</u>，我才不相信你有这种好心。"（席绢《这次来真的》）

(90) "车钥匙给我，我乖乖等你就是了。"如雪企图把钥匙骗到手，然后快快溜之大吉。擎天摇摇头，"<u>少来</u>，我太了解你了。钥匙我先保管了，你乖乖等一下吧！"（凌玉《恋恋凡间的妖精》）

这两例中的"少来"不再表示动作次数比预期的少，而是表示一种"否定"，说话人表达自己主观上的不认同。整体的构式义不能从其构件成分直接推导出来，整个构式的可推导性比较低。

话语标记"少来"还表明说话人对话语信息的评价、立场等，可看成一个表否定评价的立场标记。例如：

(91) 小星星笑骂道："你下次再乱来，我可不做了，让你死了算了。"小邪笑道："<u>少来</u>，小星星你不救我谁救？我要多死几次，让你有表现的机会。"（李凉《杨小邪》）

(92) "雁青，你怎么有空来？""想你啊！所以就来看你了。""<u>少来了</u>。看你一副言不由衷的模样，就知道你在寻我开心。"（吉娜《爱上 Mr.好好》）

(93)"我们是关心你,不知好歹的丫头。"他怜爱地点了一下她俏挺的秀鼻。"哼,*少来*,多关心关心你自己吧！石大哥,你还是不打算告诉我吗?"(楼雨晴《深情寄海遥》)

(94)"小星星我们和谈,言归……言归正经话,今天你煮饭,明天乔小雨,后天我,一人一天,谁也别占谁便宜。"小星星奇道:"你*少来*,你会煮饭?"(李凉《杨小邪》)

以上四例中的"少来"后面有逗号或者句号隔开,其中例(92)中的"少来"后面出现语气词"了"连用,起到缓和语气的作用。句法上,话语标记一般具有独立性,不是句法上必有成分;语义上,话语标记表达的是程序性,去掉后并不影响对句子真值条件的理解;语用上,话语标记在语言使用过程中具有程序功能,这也是其本质特征。以上四例中的"少来"去掉后虽不影响大家对句子的理解,但是使用话语标记"少来"显然起到了语篇调控功能和人际互动功能;语体风格上,上述四例中的"少来"主要出现在口语语境中,以上条件都表明"少来"是一个话语标记,同时"少来"更侧重于否定立场的表达,因此笔者认为,"少来"是现代汉语中较为典型的立场标记。

根据上述分析可以得出,"少来"既具备立场标记的特征,同时也是一个习语构式,即"少来"是立场标记和习语构式的合体形式。本节主要考察"少来"的立场表达功能和核心语义的浮现。

3.2.1.2　立场标记"少来"的话轮位置与互动序列

根据位置敏感语法观,语法浮现于特定的序列类型,并由特定的序列位置塑造成(姚双云,2018)。因此考察语法结构在话轮和序列中的位置非常重要。话语位置分布既包括话语结构在话轮中的位置,同时也包括互动序列中的回应位置。

3.2.1.2.1　"少来"的话轮位置

立场标记"少来"主要出现在受话人应答的话语中。"少来"在语篇中的位置分布有以下四种情况:话轮之始、话轮之中、话轮之末和独立话轮。例如:

(95)尹枫好气又好笑地啐道:"小丫头片子,胡扯也不害臊,哪有女孩子家像你这样子?!"小芸嚷笑道:"*少来*,你自己也大我没多少,少开口闭口就叫我小丫头!"(李凉《会醉才会赢》)

(96)"你这丫头,老爸现在老了,哪有阿姨喜欢一个又老又酸的糟老头子呢?""爸,*少来了啦*,谁说你又老又丑的？你永远是最年轻最帅的男人!"(蓝雁沙《我爱芳邻》)

(97)"呵! 要我效劳就说一声,何必假惺惺,真是!""嘿嘿,生我者父母,知我
        者小大是也!""去你的! <u>少来</u>。"(李凉《江湖一担皮》)

(98)田冬脸微微一红,辩解道:"哪有。之前是想和小菊姐姐聊天,所以才会
        等你走了之后再吃。""<u>少来</u>。"小菊一笑,望望田冬的衣服道:"天气寒了,
        你会不会冷?"(莫仁《翠仗玉球》)

例(95)中"少来"处于话轮之始,后有其他成分;例(96)中"少来"处于两个话轮
之间;例(97)中"少来"处于话轮之后,前有其他成分;例(98)中"少来"则是独立充
当一个话轮。

以上四例分别对应上述四种情况。"少来"所处的话轮位置虽有以上四种情
况,其内部的分布却不平衡。具体情况见下表3.3:

表3.3 "少来"的话轮位置分布

话轮位置	数量(用例数)	所占百分比
话轮之始	283	85.7%
话轮之中	19	5.8%
话轮之末	4	1.2%
独立话轮	24	7.3%
共　　计	330①	100%

从表3.3可以得出,立场标记"少来"主要处于话轮之始的位置,占比85.7%,
其次是独立话轮位置,占比7.3%,分布在这两个位置的"少来"占整体的例句数的
93%。主要原因是在互动交际中,当交际一方完成了某一会话行为,如询问、抱怨、
赞扬等,交际另一方对其作出的最自然、最常规的回应应该是先表明自己"赞同或
不赞同"的立场,然后再进一步对其立场进行解释说明(乐耀,2016a)。例(95)中的
"少来"处于话轮之始,说话人对对方所说的"小丫头片子"这一提法进行反驳,后续
句引出了"你自己也大我没多少"这一理由。例(98)中,处于独立话轮中的"少来"
更是直接反驳了对方的观点,显得干净利落。

立场标记"少来"处于话轮之中和话轮之末的用例仅占5.8%和1.2%。根据考

① 考虑到规范性和统一性原则,立场标记"少来"的语料均来自BCC语料库,我们从中筛选了330条有
效语料。

察,能够出现在"少来"前面的成分主要有三类,一是与"少来"意义相近的成分,如例(97)中"去你的"和"少来"都是表示否定义,连用起到加强语气的作用;二是表示称呼的词语,如例(96)中的"爸爸"起到呼应前文的作用;三是表达主观情态的感叹语,如"唉、喔"等。如下例:

(99)"那不一样,你不明白吗? 那就不是一个大发现了!"他用力的说大发现这三个字。葛兰特笑着看他。"喔,<u>少来</u>! 大发现岂是随手可得的?"(约瑟芬·铁伊《时间的女儿》)

根据考察,上述所提及的三种成分都不是进一步追述说话人的立场态度和看法,因此可以在立场标记"少来"之前的位置。

3.2.1.2.2 "少来"的互动序列

评价作为一种交际行为,需要交际双方互动才能完成,表否定评价的立场标记"少来"偏向用于应答行为,主要是对对方话语的一种回应。在会话行为的实施过程中,一种情况是说话人单方面邀请对方就某一话题进行评价,称之为单方评价;另一种情况是说话人先作出评价,听话人对说话人的观点再次进行否定评价,称之为双方评价(方梅、乐耀,2017)。

A. 单方评价:"提出询问—否定回应"模式

单方评价强调的是"单",是听话人单方面就说话人提出的疑问进行否定的回答。其中,说话人没有明确表态,从对话中我们能够确定听话人的否定态度。例如:

(100)"难怪你跟二姐到现在还不结婚,看来我们三姐妹是要加入同一家单身俱乐部喽! 怎么样,大姐,<u>高不高兴又多了个伴啊</u>?""<u>少来</u>! 我警告你,楚紫依,下次你再给我搞这种把戏,你就再也别想出远门了!"(古凌《超能力接触》)

(101)"你装得不错,"我说:"只是,我没那个心情,所以不会往那种地方瞎猜。""<u>没哪个心情</u>?"她装傻地问。"<u>少来</u>,这样没有很可爱。"(凯子《挪威森林记》)

例(100)中,说话人先是用问句的方式提出询问"多了个伴高不高兴",邀请对方通过回答进行评价。其中,听话人的否定立场从语境中可以明确得出。例(101)亦如此。

B. 双方评价:"提出评价—否定回应"模式

双方评价与单方评价的不同点在于听说双方发生了至少两次的评价行为。一

次是说话人对所关注的话题作评价,另一次是听话人否定回应说话人的上述评价,从而形成了会话交际的闭环。例如:

> (102)"小小……"他上下审视了她一会儿,便直点头。"嗯!好名字,好名字。"小小皱皱鼻子。"少来,我知道我很矮小,但你也别用这么侮辱人的眼光看人!"(古灵《引郎上钩》)

> (103)小丁瞄了他一眼道:"当然管用,阿三,阿四说不定还打不过我呢!"小邪叫道:"少来,你连蚂蚁都不敢杀,还想和阿三、阿四比?而且你的菜刀又没带在身上,功夫大打折扣,我有点不放心。"(李凉《奇神扬小邪续集》)

例(102)中,说话人首先对"小小"这一话题做出评价,认为是一个好名字,听话人紧接着在应答话轮中对其进行否定回应,表达了自己的观点,形成了二次评价。例(103)亦如此。根据考察,立场标记"少来"所在的会话序列中,以双方评价模式占多数。

3.2.1.3　立场标记"少来"的语用功能

于国栋、吴亚欣(2003)指出,"话语标记反映了语言使用者对语境的一种顺应,不仅可帮助说话者构建语篇,同时还可实现不同的语用功能以促成交际。"立场标记"少来"在具体语境中主要起到语篇组织功能和立场表达功能。

3.2.1.3.1　语篇组织功能

"少来"的语篇组织功能体现在其对所在语篇的连贯性上所发挥的作用。去掉立场标记"少来"虽不影响句子的真值条件,但会降低语篇的连贯度,同时也会影响听话人对说话人所表达的真实意图的理解。根据上文考察,立场标记"少来"主要处于话轮之始,其作用在于表明使用者需要抢先占据说话权,表达出自己否定的态度。例如:

> (104)"放开媛怜,我相信你做那些事情是针对我,媛怜只是一个局外人,不要把她牵扯进来。"岁寒只求媛怜快点脱离险境。"少来,她可是我手中的一张王牌,我怎么可能放手呢?"(李凉《公孙小刀》)

> (105)阿四施个佛号道:"贫僧不沾女色。"他说得很正经。小邪见状叫道:"你少来,你这花和尚专门偷鸡摸狗,谁知道你戒不戒?""罪过!罪过,"阿四道:"帮主误会了贫僧。"小邪笑道:"再说啦!我们吃东西去吧!"(李凉《杨小邪》)

以上两个例句中,去掉"少来"句子仍然成立,但是显得有些突兀,连贯度降低。使用立场标记"少来"为听话人理解话语提供引导,从而减少听话人对说话人真实意图的推理过程。

3.2.1.3.2　立场表达功能

立场表达是一种互动言语交际活动。方梅、乐耀(2017)指出,"立场表达是言语交际双方在特定的互动背景下,通过一定的语言形式的使用,来合作构建彼此对言谈中的某一事物的看法、态度、情感倾向等。"立场标记"少来"主要表达一种否定的负面立场,这种立场义是从动态的语言活动中浮现出来的。由于受到交际双方地位、身份关系以及前后语言成分的影响,在具体语境中,其浮现出的"负面"语义强度也有所不同,主要有以下四种,越靠右等级越高,规约化程度越高:

嗔怪＜拒绝＜反驳＜斥责

A. 嗔怪

嗔怪指的是并非出自真心的一种责怪,伴有一种撒娇的主观态度,其"负面"的语义强度是最低的,常见于情侣、夫妻等关系较为亲密的交际双方之间。例如:

(106) 谷扬半天终于开口"我好想你。"嘎? 她顿了一下,<u>雪白的颊上瞬时染上两朵红云</u>。"你<u>少来</u>了。"她一脸的不自在,因为没想到他会冒出这么一句。(彤琤《既是谈情也说爱》)

(107) 小桂拍拍他的脑袋,狭谑道:"聪明的小孩。"小辣子拨开小桂的手,<u>嗔啐道</u>:"<u>少来</u>! 你不比我大多少,别想吃我的豆腐。"(李凉《江湖风神帮》)

例(106)中,女孩用立场标记"少来"表达了一种否定回应,这种回应带有一种撒娇和害羞的态度,前文出现的"雪白的颊上瞬时染上两朵红云"也呼应了女孩这种态度。例(107)中出现的"嗔啐"也是一种显性的标记。

B. 拒绝

拒绝指的是说话人提出某个意见或请求,听话人通过立场标记"少来"对这一意见或请求表示不接受的态度。例如:

(108)"水滟,你出去帮我打发他。"恋荷满含希望的看向师妹。水滟看她一眼,<u>毫不同情地拒绝</u>。"<u>少来</u>,自己闯的祸自己收拾。"恋荷心不甘情不愿的开了木门,硬着头皮走向雷恩。(凌玉《魅惑你的心》)

(109)"这是哪里?"她疑心重重地问。他答也不答地下车来,替她开车门。"欢迎回家。"她由车窗望着外面,<u>拒绝妥协</u>,不肯下车。"<u>少来</u>,我才不下车呢!"(莉克莱《批发新娘》)

例(108)中,说话人"恋荷"对听话人"水滟"提出了"你出去帮我打发他"的请求,但是立马遭到了对方的拒绝,立场标记"少来"和前文出现的"毫不同情地拒绝"共同使用达到此种立场表达的效果。例(109)亦如此。

C. 反驳

反驳指的是说话人提出某一观点,听话人不同意这一观点且进行辩驳,后续一般会出现反驳的理由和依据。例如:

(110)"好姐姐啊! 你只适合做月老、扮红娘,至于家事,算了吧!"琼儿挖苦道。谁知璃儿竟杏眼圆瞪、气呼呼地<u>反驳</u>:"<u>少来</u>! 别把我和刘陵那家伙扯在一块,他是个没肝没心的花花公子。"(凌玉《红娘的契约鸳盟》)

(111)"喂喂喂,别把我扯进去。"怀宇马上把自己撇得干干净净。"我已经有未婚妻了。""<u>少来</u>! 谁不知道你随时准备把彭大小姐休了?""别想用那一套唬他。"(凌淑芬(《不肯上车的新娘》)

例(110)中,听话人用"少来"对说话人提出"自己的能力只适合做月老、扮红娘"这一观点进行了反驳,后续成分还进一步阐述了自己的观点。例(111)亦如此。

D. 斥责

斥责指的是听话人认为对方所提的观点、说法等很不合理,引起了自己的强烈不满,从而严厉指出对方的错误所在,语气强烈,否定的强度属于等级中最高的。

(112)朱小佩读出她的想法,连忙为自己澄清道:"是妈告诉他的,不关我的事,可是——""可是什么?""我觉得他好像真的蛮想和你做朋友的。"她对妹妹的说法嗤之以鼻,"<u>少来</u>,我怎么不知道你是这么有'感觉'的人?"(淡霞《刺客小新娘》)

(113)沈一中道:"当然是我与铁兄二人呀!"尤道士叱道:"<u>少来</u>,在这节骨眼上,你是你,姓铁的是姓铁的,清清楚楚分开来。"(七雄劫《秋梦痕》)

例(112)中,妹妹提出自己的看法后,引起了姐姐的强烈不满,姐姐随即使用"少来"加以斥责,从前文出现的"嗤之以鼻"和后续反问句就可以看出姐姐这种愤怒的主观态度。例(113)中,"尤老师叱道"这一语言成分也是从侧面反映出说话人不满与斥责的态度。

3.2.1.4　立场标记"少来"的生成轨迹

立场标记"少来"的形成基础是"少来"副词用法的成熟(张亮,2017)。在其副词功能的形成过程中,句法环境提供了副词化的前提条件,配合代动词"来"指代功能的弱化,其逐渐并入到"少"中成为词内成分并固定下来。清代,"少来"出现了重新分析的可能。

(114)因问祝春的《旧酒痕》怎么样了? 祝春道:"谁和你这般空? 你爱嚼咀,你竟自己嚼去,<u>少来</u>惹人厌。"(《泪珠缘·第六十五回》)

这里的"少来"可作双重分析,既可以看成一个整体,对后面"惹人厌"作祈使否定,也可以凸显"少"对动词"来"的否定。我们更倾向于前者。

根据考察,表否定义"少来"单独使用在清代文献中只出现个别用例,不具有普遍性。之后的民国文献中也未发现,其立场标记功能是到了现代汉语中才逐渐形成。例如:

(115)"为了表示尊重你,我还是先来跟你说一声。""<u>少来了</u>。"南宫扬冷冷的说道,"表面上你是来知会我,说明你不得不去打扰灭明,实际上你是想诱我也插手这件事。"(凌玉《豆浆传说》)

(116)"这是什么?"季海平近乎呆愕地抬头瞪着半空中,耳边甚至还可以听见一阵阵尖叫呼喊声。"<u>少来</u>,你不可能不知道吧?"汪梦婷笑得灿然,"海盗船啊。""我知道。我的意思是,我们必须搭乘这种东西吗?"(季蔷《玻璃娃娃》)

3.2.1.5　立场标记"少来"的生成机制

根据考察,立场标记"少来"的生成机制主要有两个方面,其一,代动词"来"的并入与去范畴化;其二,"少"的隐喻与语用推理。

A. 代动词"来"的并入与去范畴化

根据张田田(2017)的研究,她将"代词并入"定义为句法上、语义上原本独立的代词在韵律、语用等因素的作用下,发生了去范畴化,并入其所依附的成分,其指称功能弱化且最终消失,由独立词变成词内成分的过程。这一定义同样也适用于代动词"来",因为代动词"来"的用法就是用"来"替代另一个意义不相关的动词,在语篇中主要起到指代作用,与代词功能相似。随着"来"所指代成分出现在"来"的后面,其指代功能弱化、意义逐渐虚化,并入到词的内部成为一个词内成分,从而实现了去范畴化。例如:

(117)李小果挤挤眼睛,挑衅说:"可姐,来瓶红酒,对半分?<u>少来</u>几口,还能舒筋活血。"(叶舟《目击》)

(118)此刻,那个"它"趁机出来凑热闹:"嘻嘻,秦宝宝,看来你要倒霉了,老头有了异心了。""去去去,关你屁事,<u>少来</u>搅局。"(李笑佛《绝毒断肠》)

(119)陆天威笑了,这才是雪梅天真的本性。"倒是你,有事要我帮忙就坦白说吧!""哇!天威哥好厉害。""<u>少来</u>,有什么事尽管说吧!"(慕云曦《狂傲二少》)

例(117)中,"来"是代动词,其所指代的成分在上下文语境中也有所确定。此例中,代替的是动词"喝",指代性比较明确。例(118)中,"少来"后接成分"搅局"是对前文的言语内容进行总体概括和指代,"来"的指代性已经减弱。例(119)中,"少来"后的评价内容是羡余的,无法补出。其中"来"的功能泛化,意义虚化,语音弱化,实现了去范畴化。

B. "少"的隐喻与语用推理

"少来"的标记化主要与其内部优势词内成分"少"的语义发展有关,其中"少"的否定义被凸显,而"来"的动作性逐渐消亡。"少"作为表示数量、次数少的形容词,在充当状语过程中逐渐从已然时态的描述到未然状态的要求,最终到表示否定的主观意图,验证了从数量范畴到情态范畴再到主观范畴的发展过程,这一过程正是隐喻"投射"所起的作用,同时也是语义范畴动态观的具体体现。姚占龙(2014)认为,"少"由形容词变为否定标记,伴随"少"量性特征的消失和说话人否定性主观态度的增强。"数量小"容易与否定范畴相匹配,"少来"在具体语境中不断吸收词内成分"少"的否定义,并使其规约化。这种"否定"义实际上可以推理出说话人"不认同"的负面立场,进一步促动"少来"立场表达功能的形成。例如:

(120) 狸狸:"哇!的确是老头子,你大我十五岁耶!我是不是该叫你一声叔叔啊?"杰:"少来,等我真的走不动时,你再叫我叔叔还不迟。"(古灵《偷吃蜜糖》)

(121) "你当这是咒语吗?以前拿三千万来压我,现在拿'我爱你'来压我?""我爱你!我爱你!"他抱着她,仍旧只说这句话。"少来,我最讨厌人家骗我了!"赵雨晴的拳头毫不留情地落下。(凯琍《打工情妇》)

以上例句中,立场标记"少来"在表示否定义的同时,更多的是体现了说话人的一种"不认同"的立场态度,凸显其主观情感的表达,拉近了听说双方的距离,加大了互动的力度。

3.2.2　立场标记"难说"的研究

关于"难说"的定性问题,吕叔湘(1999:409)主编《现代汉语八百词》(增订本)将其看成一个动词,表示"不容易说;不好说;不容易判定"之义,"难说"前所指事物一般是特指或已经出现的,有疑问的事物放在"难说"后面,可带动词或小句宾语,可受"很"修饰。例如:

(122) 这样球赛,难说谁输谁赢?

(123) 车是按时开了,但是很难说能不能准时到达。

（124）钱已经准备好了，但是很难说准能买到票。

并且进一步指出，有疑问部分是选择句、特指句或反复句，可放在"难说"前面，可带语气词"了"。例如：

（125）邀请信已经发了，但是他来不来就很难说了。

（126）在这次事故中，谁负主要责任现在很难说。

现代汉语词典（第7版）与《现代汉语八百词》（增订本）观点一致，将"难说"看成动词，认为"难说"具有"难以确切地判断或预测"之义，另外认为"难说"还表示"难以说出口"之义，如"你就照着事实说，没什么难说的"。

笔者发现，现代汉语中，"难说"除了以上两种用法，其实还可以单独使用，除了表达"不好说"之义，还隐含了说话人一种"不确定、不赞同"的主观感情。例如：

（127）江妈一挺身从座位上跳了起来，连连摆动两手阻拦道："做做好心，千万别告诉老爷，千万别告诉老爷！"周炳不明白道："为什么呢？他肯行方便就行方便，不肯，也只当白讲，还怕他把你吃了不成？"江妈说，"难说，难说。怕张扬出去，人倒没救出来，我们的工人先叫老爷辞退了，那可真活不成了！"（欧阳山《苦斗》）

例（127）中，"难说"单独使用，前后不接其他成分，此处的"难说"省略后并不影响句子的真值条件，但是加上后其实隐含了说话人的一种主观态度。这里说话人"江妈"用"难说"在表示"这件事情不好说"的同时，更多是强调了自己"不赞同将事告诉老爷"的一种主观立场，只是这种主观立场的表达方式比较委婉。此处的"难说"笔者更倾向于将其看成一个立场标记。下文将着重描述立场标记"难说"的形成轨迹和主观表达功能。

3.2.2.1　立场标记"难说"的形成轨迹

"难说"连用出现时间较早，最早用例见于先秦时期，其中"难"是一个形容词，表示否定义修饰动词"说"，整个结构是一个偏正的动词性词组，表示"难以言说、不容易解说"之义。例如：

（128）以妊者七十二君，论先王之道而明周、召之迹，一君无所钩用。甚矣夫！人之难说也，道之难明邪？（《庄子·天运》）

（129）知者明于事，达于数，不可以不诚事也。故曰："君子难说，说之不以道，不说也。"（《荀子·大略篇》）

以上两例中，"难说"都是一个表示偏正关系的短语，特别是例（128），"难说"和

"难名"相对,表示"难以言说"之义。

　　唐之前,"难说"的词组用法还非常少,基本与前秦时期用法相同,未见带宾语的情况。唐宋开始,"难说"连用的例子开始增多,但仍然是一个偏正结构,"难"修饰"说",且前面可出现主语成分。例如:

　　(130) 良夜促,香尘绿,魂欲迷,檀眉半敛愁低。未别心先咽,欲语情难说。出芳草,路东西,摇袖立。(《全唐五代词·卷三·五代词》)

　　(131) 性最难说,要说同亦得,要说异亦得。(《朱子语类·卷四》)

　　(132) 马上离愁三万里,望昭、宫殿孤鸿没,弦解择,恨难说。(辛弃疾《贺新郎听琵琶》)

　　唐宋时期,"难说"发生最显著的变化是后面开始带宾语,且谓词性宾语增多。例如:

　　(133) 盘错神明惧,讴歌德义丰。尸乡馀土室,难说祝鸡翁。(杜甫《奉寄河南韦尹丈人》)

　　(134) 试灯天气又春来,难说是情怀。寂寥聊似、扬州何逊,不为江梅。扶头酒醒炉香灺,心绪未全灰。愁人最是,黄昏前后、烟雨楼台。(《全宋词·陈亮》)

　　(135) 季通云:"理有流行,有对待。先有流行,后有对待。"曰:"难说先有后有。"(《朱子语类·卷六》)

　　以上例句中的"难说"后带了谓词性宾语,导致其内部的结构可以进行重新分析。"难说"连用之初,主要是单用或者修饰结构短小的体词性成分,其结构层次如下:

$$[难[说 + [NP]]]$$

　　其中,"难"为形容词,"说"为动词与其后的体词性成分构成动宾短语再受到"难"的修饰,"难"与"说"的分立很明显。但随着动词"说"的宾语由体词性向谓词性或主谓短语发展后,结构出现了重新划分的可能,"说"的动作义必然减弱,容易与前面的"难"凝合成词。结构层次如下:

$$[[难说] + [VP/主谓短语]]$$

　　笔者发现,"难说"带谓词性宾语的用法在明清,特别是清代越来越多,而且可以表达多种功能。根据考察,"难说"在清代以后其语义展现出多个方面,其用法要比"难道"多,它也可以表示反诘语气,这点与"难道"相同。

（136）我卖出的孩子,难说叫我管衣裳?(《醒世姻缘传·第七十九回》)

根据杨黎黎(2017)研究,到了明代,"难说"的使用频率越来越高,分担了"难道"的反诘语义用法,甚至还发展出了比"难道"更为丰富的语义。特别是其中一种用法引起了笔者的关注。即"难说"表示不确定性的情态,是一种认识情态的用法,常常在对话中单独使用,表示不确定发话人的言语,相当于"不一定"。例如:

（137）回道:"家主大前儿衙门回来,忽得了病,三日连烧不退,医生说是伤寒重症,这会儿里头正乱着哩! 只好挡大人驾了!"唐卿愕然道:"这样重吗? 我简直不知道,那么碍不碍呢?"老家人皱了眉道:"难说,难说! 肝风都动了!"(《孽海花(下)》)

（138）袭人道:"可不是。想来都是一个人,不过名分里头差些,何苦这样毒? 外面名声也不好听。"黛玉从不闻袭人背地里说人,今听此话有因,便说道:"这也难说。但凡家庭之事,不是东风压了西风,就是西风压了东风。"袭人道:"做了旁边人,心里先怯了,那里倒敢去欺负人呢。"(《红楼梦(下)》)

（139）小云道:"外头做起来,只怕不便宜,我这个只要一百两。"德泉笑道:"这不过一个顽意罢了,谁拿成百银子去买他!"小云道:"这也难说。你肯出多少呢?"德泉道:"我不过偶然高兴,要买一个顽顽,要是二三十块钱,我就买了他,多可出不起,也犯不着。"(《二十年目睹之怪现状·第二十九回》)

以上例句中的"难说"不再是表示"难以说明"之义,还是委婉表达说话人一种"不赞同"的主观立场和看法。以上三例中的"难说"都具有以下特点:语音上,一般后面可接语气词并有一定的停顿,在书面上表现为其后有逗号或者句号等。例(137)、例(138)和例(139)中的"少来"后面有逗号、句号或者感叹号隔开。句法上,一般具有独立性,不是句法上必有成分;语义上,都表达一种程序性,去掉后并不影响大家对句子真值条件的理解;语用上,其在语言使用过程中具有程序功能,这也是其本质特征。"难说"去掉后虽不影响大家对句子的理解,但是使用话语标记"难说"显然起到了语篇调控和人际互动功能;语体风格上,上述例句中的"难说"均出现于口语对话中。这些特征符合学界对话语标记的界定,同时"难说"更侧重于否定立场的表达,只是它所表示的否定语义,其量度等级是较低的。因此笔者认为,"难说"是现代汉语中较为典型的立场标记。

3.2.2.2　立场标记"难说"的生成动因

乐耀(2011)指出,"所谓一个语言结构的演变动因,是指促动一个语言单位发生演变的原因、引起变化的因素,它决定了一个语言单位为什么要发生变化,动因一般来自语言系统之外。"笔者认为"难说"形成的主要动因是由语言的主观性和交互主观性引起的。立场标记"难说"在言语交际过程中主要是表达了说话人一种"不确定"的立场,其实这种立场隐含了说话人一种"否定、不赞同"的主观态度。同时,使用这一立场标记时,说话人遵循了交际中重要的原则,即礼貌性原则。一般情况下,说话人为了维护对方的面子或者形象,使得交际顺利进行下去,不会直接做出否定的应答,而是采取一些比较委婉的表达形式,本节研究的"难说"正是起到这样的作用。例如:

(140) 孙天夷听裴敬亭如此说了,便道:"听适才声音似在石洞中部,离出口尚远,敌人纵使破去那边的机关,要出来大约尚早。"裴敬亭又侧耳听听,缓缓摇头道:"那也难说。我听这声音相隔虽远,但不甚发闷;似乎离洞顶颇近,我只怕他们要从洞顶下手,穿洞而出。"(张梦还《沉剑飞龙记》)

(141) 人总有一死各有所求,勉强不得的。薛龙嘿嘿一笑:"我若不让你去呢?""你挡不住我的,没有人可以让我后退。""难说。你不要太自信,片刻以后会发生什么,你现在就料不到。"(鬼谷子《八仙怪功》)

(142) 云霏横了心,"我有契约书,横竖都有理,不搬就是不搬,看你能奈我们如何! 总不能派人来暗杀我们吧!""难说,一个女人带一个小孩独立住在大屋子里,难保不会出什么意外。"他威胁道,"抢劫啊、强暴什么的,这些社会新闻你一定也常听吧?"(苏西荷《恋爱份子》)

例(140)中,"裴敬亭"其实是不赞同"孙天夷"的观点,文中出现的"缓缓摇头"动作说明了他的真实想法。但是根据礼貌性原则,说话人裴敬亭没有直接否定对方的观点,而是用了立场标记"那也难说"表达了自己的态度,虽然这一态度从表面上看是一种不确定,但是从后面引述的内容来看,实际上隐含了说话人"不赞同"的主观立场。例(141)和例(142)亦是如此,去掉后不影响句子的真值条件,但是使用后更加能够表明说话人的立场态度。

3.2.2.3　立场标记"难说"的生成机制

笔者认为,促成立场标记"难说"形成的机制主要有其内部成分"说"的语义泛化和整体的语用推理。"难说"在形成之初,"说"表示言说义,其动词性还是比较强的,但是其凝合形成立场标记后,"说"的动作义逐渐减弱,由言说动作义慢慢泛化出认识情态的用法,"难说"从非句法结构到立场标记的生成轨迹实际上是知域到言域的发展过程。副词"难说"中"说"表示"言说、言明"之义,与主体的心理活动和认知有关,属于知域。而立场标记"难怪"则表达言者的主观上的不认同态度,属于言域。例如：

> （143）季通云："理有流行，有对待。先有流行，后有对待。"曰："难说先有后
> 有。"（《朱子语类·卷六》）

> （144）李永利说："不错，老游，这是领导艺术！"事后，游若冰有点得意地把处
> 理的情况告诉程思远说："我想段超群不会像李永利这么草包，她怎么
> 也不会相信冯文峰的那份材料。"程思远仍然不放心地说："难说。等李
> 永利回来就知道了。"（戴厚英《诗人之死》）

例（143）中的"难说"中"说"表示"言说、言明"之义，属于知域，但例（144）中的
"难说"中"说"的动作义已经完全泛化了，"难说"实际上表达的是说话人的不赞同
的态度，前面可加上"我觉得"，属于言语。

总体来说，"难说"中的"难"表示否定义，随着"说"动作义的泛化，整个语义重
心将向"难"倾斜。说话人对某个事件或观点表示"否定"，实际上隐含了说话人一
种"不赞成"的主观态度，这种主观态度是"难说"情态功能的表现之一，正是这种情
态功能的发展为"难说"立场表达功能的产生提供了前提条件。例如：

> （145）许师傅说："毛主席说过，侵略者决无好下场。你们信不信？"猫子说：
> "我信。有钱的国家都出动了，收拾它是迟早的事。"男人们说："那难
> 说。阿盟其实不喜欢美国佬。咱们出兵算了，赚点外汇，减少点人口，
> 又主持了正义，刀切豆腐两面光。"（池莉《冷也好热也好活着就好》）

> （146）龙飞道："办法是有的，但是那样弄醒他，对他并不好，而且他神智模糊
> 之下，不难会见人就打骂。"紫竺道："那么怎样办？"龙飞道："由得他自
> 己醒来好了。"紫竺道："要多久？"龙飞道："难说，也许一时半刻就可以，
> 三天两夜亦不无可能。"（黄鹰《黑蜥蜴》）

> （147）红衣老人也一样，忽然道："小心他的刀！"白玉楼道："已经小心。"目光
> 落在白冰脸上，道："人有没有问题？"红衣老人道："难说，从方重生的神
> 态看来，应该是没有。"（黄鹰《大侠沈胜衣》）

以上例句中，立场标记"难说"具有否定义，但更多的是隐含了说话人"不赞成"
的主观立场，正是这种语用推理使得"难说"发展为一个立场标记。

3.2.2.4　立场标记"难说"的话轮位置与互动序列

话语位置分布既包括话语结构在话轮中的位置，同时也包括互动序列中的回
应位置。因此下文将考察"难说"在话轮中的分布位置以及其在会话中的互动
序列。

3.2.2.4.1 "难说"的话轮位置

立场标记"难说"主要出现在受话人应答的话语中。"少来"在语篇中的位置分布有以下四种情况：话轮之始、话轮之中、话轮之末和独立话轮。例如：

(148)"真不好意思，我都忘了。看来这一对能成了，倒是一桩佳话。""但愿如此。"听白梅的话还有怀疑似的，燃冰问："依你看还不一定？""<u>难说</u>。我对玛利真是太了解了。阿桐可不是她心目中的白马王子。"（南强《幸运》）

(149)鬼谷子摇摇头道："不一定。老夫和这老儿交逾半甲子，什么谣言也站不住脚的，就是老夫这次来长安，亦系另有他事，而非为谣言所动，不过，唔，假如碰上赵老儿最近正闲着的话，就<u>难说</u>了，他或许会为着好奇，或许想藉此来跟老夫见面，竟真的会赶来也不一定。"（慕容美《解语剑》）

(150)何瑶卿那美秀无比的娇靥上倏现异容地道："相公有兴趣到关外去玩玩么？"南奇道："兴趣是有，不过却不是现在。"何瑶卿道："什么时候？"南奇道："不一定，也<u>难说</u>。"（欧阳云飞《魔中侠》）

(151)"别这么说。男人嘛！事业心重一点无所谓。""别无所谓，当他成了工作狂，你才来后悔就来不及了。""不至于吧！""<u>难说</u>。""走啦！走啦！别谈他们，今天让我们开心一点。"（唐絮飞《模范情妇》）

以上四个例子分别对应了上述提到的四种情况，例(148)中"难说"处于话轮之始，后面接其他成分对说话人提出的观点进行进一步的解释和说明。例(149)中"难说"处于话轮之中，前后有其他相关成分。例(150)中"难说"处于话轮之后，前面会出现与之意思相近的词语，如此例中出现的"不一定"也是委婉表达了说话人不赞同的观点，例(151)中，"难说"则处于独立话轮的位置，表达了说话人的一种不赞成的观点。根据考察，作为否定立场标记的"难说"以处于话轮之始居多，这是符合动态交际中的原则。在互动交际中，当交际一方完成了某一会话行为，如询问、抱怨、赞扬等，交际另一方对其做出的最自然、最常规的回应应该是先表明自己"赞同或不赞同"的立场，然后再进一步对其立场进行解释说明（乐耀，2016）。

3.2.2.4.2 "难说"的互动序列

评价是需要在动态交际中完成的。表否定评价的立场标记"难说"偏向用于应答行为，主要是对对方提出的观点和看法的一种回应。在会话行为的实施过程中，一种情况是说话人单方面邀请对方就某一话题进行评价，称之为单方评价；另一种情况是说话人先做出评价，听话人对说话人的观点再次进行否定评价，称之为双方评价（方梅、乐耀，2017）。

A. 单方评价:"提出询问—否定回应"模式

所谓单方评价,指的是首先由听话人就某个话题不表达自己的想法,先是提出自己的询问,然后就这个询问说话人给出自己的主观回应,因为整个话轮中只有一次评价行为,因此称之为单方评价。例如:

(152) 令狐轸不禁笑了。"被吼了吧?谁叫你口没遮拦?活该!"乔驭道:"你想,灵月小师太会为适桓还俗吗?"他这话是对着莫仲擎说的。"<u>难说</u>。不过,我相信适桓的魅力。这之间还有许多困难,不过,这正是他对灵月小师太爱情的考验。"(乔轩《阿弥陀佛!我的妻》)

(153) 女干部问:"谷佩玉常进城?""那是,一天一趟。""<u>她还常在城里住下吗?</u>""这可难说。啥时住,啥时不住,都是她自家买卖上的事,俺不问,不打听。"(孙春平《古辘吱嘎》)

(154) 想到这儿,覆面少妇又笑了。相较之下,这应是她不如傅谦之处了,他够傲,傲得比她自信太多,也倔强太多。自信的人儿啊!不至于经她丈夫的手,误成了遗珠吧?<u>她的丈夫可会看重他?同她一样看重他?难说</u>。她与丈夫从来难有心意相通的时候。(凌尘《拈梅昭仪》)

例(152)中说话人"乔驭"提出了一个疑问"灵月小师太会为适桓还俗吗","令狐轸"首先用"难说"表达了自己的否定的评价。此轮会话结束。但是他又紧接着用了"不过"否定了自己的之前的想法,表达出说话人复杂矛盾的内心想法。其他两例也是属于"单方评价"。

B. 双方评价:"提出评价—否定回应"模式

双方评价的重点在"双",即听说双方都对某个事件提出了自己的观点,一次是说话人对所关注的话题作评价,另一次是听话人否定回应说话人的上述评价,从而形成了会话交际的闭环。例如:

(155) 沧浪客摇了摇头:"他们是不能跟踪的,小看不得。薛不凡不是告诉过你左云是凶手吗?""我怀疑他这是骗人的,想让我们互相残杀。""<u>难说</u>。坏蛋也不是一句真话不说,我们还是先找左云为好。"(鬼谷子《还原灵功》)

(156) 江妈一挺身从座位上跳了起来,连连摆动两手阻拦道:"做做好心,千万别告诉老爷,千万别告诉老爷!"周炳不明白道:"为什么呢?他肯行方便就行方便,不肯,也只当白讲,<u>还怕他把你吃了不成?</u>"江妈说,"<u>难说,难说</u>。怕一张扬出去,人倒没救出来,我们的工先叫老爷辞退了,那可真活不成了!"(欧阳山《苦斗》)

(157) 她知道他昨晚没回来,却不知道他竟是跑去台湾。"主人要我有着你,不准让你离开。"佩莹望向他,"你不会阻止我走的。"姜晋鸿却耸了耸肩,"难说。我开始怀疑我当初的想法是不是错了。如果真能把你困在这里一辈子,对主人来说,或许真的是好事。否则天地投资公司可能因为老板一天到晚'逃'到台湾,最后关门大吉。"(碧洛《天地不容》)

例(155)中说话人首先提出了自己的观点"我怀疑他这是骗人的,想让我们互相残杀",听话人接着用"难说"抢夺话语权后表达了自己不太赞同的立场评价,并进一步对自己说法加以说明,以期对方也能赞同这种观点,其他两例亦是如此。

3.2.2.5　立场标记"难说"的语用功能

"话语标记反映了语言使用者对语境的一种顺应,不仅可帮助说话者构建语篇,同时还可实现不同的语用功能以促成交际。"(于国栋、吴亚欣,2003)立场标记"难说"在具体语境中主要起到语篇组织功能、立场表达功能和人际互动功能。

3.2.2.5.1　语篇组织功能

立场标记"难说"在具体语境中主要起到调控语篇组织功能,虽然"难说"去掉后不影响句子的真值的条件,但是使用"难说"可以起到对语篇内容上调控,引导听话人可以理解说话人的真实意图,达到交际顺利进行的目的。例如:

(158) 国强说:"您老消消气。"德顺说:"我估摸着,往下,烦人的事还多了去吧?"国民说:"不会。"德顺说:"难说。我看出来,心眼子都不往一块儿想了,跟哥们分家前一样呀。"国强说:"分了家,日子都过好了。"(何申《多彩的乡村》)

(159) 客途呵呵一笑:"小老千,现在的天是黑? 是亮? 你倒是走仔细点呐!""去你的!"小千飞拳捶道:"我哪这么倒霉,天天撞邪!""这可难说。"小桂一本正经道:"人在倒霉时,打个喷嚏都会丢了性命。你只是眼前一黑而且,天知道还会不会有更糟的事发生?"(李凉《江湖风神帮》)

例(158)中,说话人用"难说"首先委婉地表达了自己不赞同的态度,然后再用"我看出来,心眼子都不往一块儿想了"来进一步解释说明自己不赞同的原因。例(159)中说话人"小桂"首先用"这可难说"来抢占话语权,立马表达了自己不赞同的态度。虽然这两句中的"难说"去掉都不影响句子的真值条件,但是却可以对语篇内容进行调控,起到语篇组织的功能。

3.2.2.5.2　立场表达功能

方梅、乐耀(2017)指出,"立场表达是言语交际双方在特定的互动背景下,通过一定的语言形式的使用,来合作构建彼此对言谈中某一事物的看法、态度、情感倾向等。"立场标记"难说"在语境中委婉地表达了说话人主观上不赞同的负面立场，这种负面立场等级程度是较低的。例如：

(160) 君惟明静默一下道："不甚真切，但我想，除了童刚的那批爪牙，该不会有别人了！"余尚文面色苍白，冷汗涔涔的道："如此说来，公子……莫非是他们暗中冲着我来的？"上面，君惟明轻轻的道："难说，但如今这个问题已并不重要了……"（柳残阳《断肠花》）

(161) "昨天社长把我找去，跟我说，天野君身体不好，人手又不足，要我务必到那儿去。"天野是马隆分社的社长，比水口大二、三岁，身患糖尿病，三天两头上不了班。"看样子，你是去当社长喽？""是副社长，天野君暂时不动。""这是早晚的事"。"难说。就算当了社长也不过如此。"（渡边淳《失乐园》）

以上两句中的"难说"都用在具体的对话语境中，表示听者对言者所说的内容不赞同，所以使用"难说"加以委婉的否定，从而表达出自己真实的想法。

3.2.2.5.3　人际互动功能

人际互动功能是近十几年汉语学界在谈到话语标记时较多考虑到的一个重要的语用功能，体现了交际双方在交际过程中的互动性原则。通常情况下，说话人除了将自己的观点和立场表达清楚外，更为重要的聚焦于听话人是否可以同意或接受自己的观点，从而实现交际的顺利完成。因此说话人在交际过程中会采取某些语用策略，如使用语气词、标记语等来吸引听话人的注意，缓和气氛，调动听话人参与意识。另外，在言语交际过程中，从礼貌性原则出发，说话人表达否定观点时一般不会直接否定对方的观点，而是采取某种委婉的表达方式起到维护听话人面子的作用。本节立场标记"难说"的使用正是体现了这种人际互动功能。例句：

(162) "贞莹，除了董事长下台，其他员工都还在吧？""是啊！除了董事长，其他员工都可以继续在这里工作，我们很幸运，晓聪，不过还是希望这个新上任的董事长能给我们更好的待遇。""这可难说，你没听说新官上任三把火，你还是别抱太大的期望。"（梦萝《巫女的地下情人》）

(163) 刁氏兄弟回到茅舍，发现祸不单行，刁老英雄的遗骸竟给野狗拖嚼，少了一只脚板，而他们连手上的一点银子也给了人，悲痛之余，把刁老英雄匆匆埋了。"真惨。""可难说。祸兮福所倚，福兮祸所伏。塞翁失马，焉知祸福？"（温瑞安《大侠萧秋水》）

以上两句中的"难说"都是说话人委婉的表达方式，表达了一种"不好说、不确定"的观点,实际上隐含了说话人不赞同的观点,只是为了维护对方的面子,这种否定表达通过一种含蓄、委婉的方式表达出来。

3.3　内部包含"极小量"成分通过隐喻和语用推理形成的立场标记

本节讨论的是内部包含"极小量"成分通过隐喻和语用推理形成的立场标记,此类立场标记的研究笔者以立场标记"万一(呢)"的形成过程为例加以说明,重点分析其生成机制、动因和相关共同因素。

3.3.1　立场标记"万一(呢)"的研究

关于"万一"的定性,学界看法有所不同。张斌(2001:538)、《现代汉语词典》(第7版)(2019:1351)、朱景松(2007:424)都将其看成连词;吕叔湘(1999:546 - 547)、侯学超(1998:564 - 565)将"万一"看成副词兼连词,其中前者还提到了"万一"的名词用法。本节探讨的并不是"万一"的归类问题,而是双音词"万一"与互动语气词"呢"连用并固化成一个立场标记的演变过程。学界对"万一"的研究主要集中在共时平面上,如张雪平(2009、2014)、邓瑶(2009)探讨了"万一"的语篇功能、与语义相近词语的区别。从历时角度考察"万一"形成的文章较少,集中在罗荣华(2007)的研究上。目前,尚未有专门的文章讨论"万一呢"立场表达功能的形成。本节拟从立场标记和立场表达的角度来考察"万一呢"的生成轨迹、生成动因和生成机制、语义特征以及互动功能,将共时与历时有机结合起来,并从一个侧面来验证汉语立场标记理论。

3.3.1.1　立场标记"万一呢"的生成轨迹

话语标记具备程序义,去掉后不影响句子的真值条件,位置上较为灵活,主要体现了交际主体在交际过程中的元语用意识。话语标记"万一呢"还表明说话人对话语信息的评价、立场等,可看成一个立场标记。

立场标记"万一呢"是双音词"万一"和互动语气词"呢"共现连用而形成的。据柳士镇(2019:261、369)考察,"万一"来源于词组"万分之一",是简缩后的形式,在东汉时期开始出现直至魏晋时期用法成熟。魏晋时期,"万一"由数量短语凝合为表示极小量的名词,再进一步演变为假设连词,表示主观上认为事件发生的可能性极小。例如:

(164)敏对曰:"臣见前人增损图书,敢不自量,窃幸<u>万一</u>。"帝深非之,虽竟不

罪,而亦以此沈滞。(《后汉书·卷七九上 列传第六九上》)

(165) 帝曰:"诸葛恪新得政于吴,欲徼一时之利,并兵合肥,以冀_万一_,不暇复为青、徐患也。"(《晋书·卷二 帝纪第二》)

(166) 乔曰:"今深入万里,置之死地,士无反顾之心,所谓人自为战者也。今分为两军,军力不一,_万一_偏败,则大事去矣。"(《晋书·卷八三 列传第五三》)

例(164)中"万一"还可看成简缩短语,例(165)中"万一"已是一个名词,充当宾语。魏晋时期,"万一"又发展成一个表示可能性极小的假设连词,如例(166)。

"万一"的副词用法,罗荣华(2007)也进行过考察。他认为"万一"的副词用法整体用例不多,且副词用法的成熟时间比连词要迟得多,大概在明代,副词"万一"蕴含着推测或预测的语气。笔者认为,不管是连词用法还是副词用法,"万一"其实都蕴含了说话人主观上认为事情发生的可能性较小,同时也表达了说话人的一种推测和提醒。从上述分析得出,"万一"语法化的整个过程是从表"万分之一"的数量范畴发展到表"未然"时间范畴再到表"推测"主观范畴。

当"万一"成词后,经常位于小句的句首位置,所带成分往往在前文中已有所指,属于已知信息。例如:

(167) 又说:"三哥,你是个聪明人,你想想这是何许人物? 据我看着,他不像个贼。"徐良说:"不是个贼! _万一_是个贼呢? 可惜我没遇见。老兄弟,你既给他会了酒帐,怎么不问问他的姓名呢?"(《小五义·第八十七回》)

(168) 爵兴道:"这不过姑妄言之罢了,哪一个能办这件事? 此刻他人已去了,我们在这里纵使派人去赶他,赶得上,自不必说;_万一_赶不上呢,又要回来报信,这里再设法,再打发人去赶。"(《九命奇冤·第二十九回》)

例(167)围绕"他是不是贼"这个话题展开,说话人"我"提出自己的看法,认为"他不像贼","徐良"却不太赞同这个观点,但他没有直接否定对方的想法,而是使用了一个可能性极小的词语"万一"表示反问,这个问句的重点并不是说明"他是个贼"具有一定的可能性,而是表达了"徐良"的一种推测,具有主观性,同时还带有提醒和劝解的语气,劝告对方也能同意自己的看法,具有交互主观性。"万一"后面的成分是说话双方正在讨论的话题,作为已知信息,根据语言经济型原则,"万一"其后成分可以省略形成"万一呢"的格式。例(168)亦如此,作为已知信息,"万一"后面的成分省略后并不影响对句子真值条件的理解。

一旦"万一"后接的已知成分脱落,"万一"与互动语气词"呢"就实现了共现连用。语气词"呢"除了起到稳定音节的作用,更多表达了说话人一种提醒语气,体现

了互动功能。这种固化在民国时期得以最终完成,例如:

（169）老客说:"这回成了。"
　　　"您先等一等。"
　　　"干什么?"
　　　"我要打了您哪?"
　　　"不会的,做不到哇。"
　　　"可<u>万一呢</u>?""哈哈,不成,您也给我立一张字据。怎么样?"(《雍正剑侠图·第五回》)

此例中,当"老客"发表"不会的,做不到哇"想法后,听话人首先用"万一呢"提醒对方注意,实际上是隐含了听话人的一种"否定、不赞成"的态度,同时也引出他真正想法:您也给我立一张字据。这里的"万一呢"已发展为一个立场标记。形式上,它可以单独使用,与后面句子用问号隔开;句法上,不充当句子的主要成分,去掉后不影响完句;语义上,不影响句子的真值语义,只具备程序义;功能上,具有语篇衔接和立场表达功能,它能使前后话语更加连贯有序,同时具备主观性和交互主观性。

3.3.1.2　立场标记"万一呢"的生成动因

笔者认为,立场标记"万一呢"的生成动因在于语言表达的主观性和交互主观性。在言语交际过程中,说话人总会或多或少地带上自己的主观感情色彩。立场标记"万一呢"由"极小量"的语义进一步发展为表"推测"和"提醒",在话语中实际上隐含了说话人"否定、不赞成"的主观态度。同时,为了达到交际互动的目的,说话人会使用一些语言形式表达对听话人"自我"的关注,这种关注更多的是体现在社会意义上,即关注听话人的"面子"或"形象需要"(吴福祥,2004)。交互主观性更加聚焦于听话人的感受,说话人为了维护听话人的"面子"或"形象",并不直接否定其观点或看法,而是采用一些比较委婉的表达形式,本节研究的"万一呢"正是其中一种委婉表达式。例如:

（170）挑菜人看了看货郎说:"你那么高的个子,货不会沾到了水的。我这些蔬果若沾到了水,毕竟不好吃,还是你让吧。""不行!<u>万一呢</u>?还是你让。"(邓顺天成《曾国藩的大智慧》)

（171）黄衣姑娘用贝齿轻轻咬着下唇,沉吟了一下,然后刁蛮地道:"如果你输了,我要你替我当三年仆人。""要是我赢了呢?""你绝对赢不了我。"<u>万一呢</u>?""那你说要我怎样?"常亮促狭地笑道:"姑娘这么漂亮,你输了的话,我要你当我的小老婆。"(金康《超味大霸主》)

例(170)，"货郎"先使用否定词"不行"直接否定"挑菜人"的观点后，可能觉得语气过于坚决，紧接着使用立场标记"万一呢"，使得整个语气缓和下来，带有一种商量的意味。这里"万一呢"的使用正是达到了交际互动的目的。例(171)亦如此。

3.3.1.3　立场标记"万一呢"的生成机制

笔者认为，促动立场标记"万一呢"形成的主要机制是隐喻和语用推理。"万一"是由两个极性对立的数词构成，表示极小量"万分之一"，属于数量范畴。这种极小量在使用之初，多用于表示未然时态的句子中，逐渐吸收了[＋未然]的语境义，由原来的数量范畴发展为时间范畴。当"万一"表示在未然的可能性极小的情况提出假设时，"万一"的主观性色彩就更为浓烈，由时间范畴进一步过渡到表"推测"的主观范畴。这时"万一"更容易与互动语气词"呢"凝合后共同表达说话人的主观立场。从数量范畴到时间范畴再到主观范畴的发展过程正是隐喻"投射"所起的作用，同时也是语义范畴的动态观的具体体现。"万一"语义范畴发展轨迹可参看下表：

"万一"表示"极小量"义，此语义本身具有强调意味。石毓智(2001)指出，"极小可能性的事情，也容易与否定范畴相匹配"。说话人对某个事件或观点表示"否定"，实际上隐含了说话人一种"不赞成"的主观态度，这种主观态度是"万一呢"情态功能的表现之一，正是这种情态功能的发展为"万一呢"立场表达功能的产生提供了前提条件。例如：

(172)"老李把我找来，我先也断定错了。"刘会元说，"可她坚持说是你姐姐，我也给说懵了，心想敢许你真有个姐姐失散多年你自己都不知道——_万一呢_？""你不耗认我？"女人哀恸地望着我。
　　"不不，"我说，"不是这么回事，这是个误会。他们搞错了，你不是我姐姐。"
　　"可你是我弟弟。"女人坚决地说，"我认出来了。"(王朔《玩的就是心跳》)

(173)天魁凑前了一些，火光映在他的脸上，显得无比的严肃正经，他低声道："_万一呢_？"天禽怔了一怔，缓缓地道："那么，咱们又是势均力敌了！"(上官鼎《七步干戈》)

以上例句中，立场标记"万一呢"具有否定义，但更多的是隐含了说话人"不赞成"的主观态度,正是这种语用推理使得"万一呢"发展为一个立场标记。

立场标记"万一呢"的形成经历了隐喻机制和语用推理过程。语用推理过程属于"语用法的语法化",正是由于"万一"具有"极小量"的语义特征,这种语义特征本身具有强调性且隐含了一种否定态度,如果一件事情某人表示否定,可以推导出某人对这件事持有"不赞成、反对"的立场态度。

3.3.1.4　立场标记"万一呢"的语义特征

立场标记"万一呢"的口语色彩比较浓,从表义特征上看"万一呢"表示"一种可能性极小的情况",这种极小的可能性一般是说话人主观认为不利或不期望发生的。另外,"万一呢"所表达的事件是非现实的,具有未然性,且蕴含了对说话人观点的否定和不赞同。

3.3.1.4.1　主观义

表示"极小量"的"万一呢"带有浓厚的主观感情色彩,它一般用在对话或自省的语体中,表达了说话人的主观推测和主观意愿。例如:

> (174) 王瘦溜说,经常半夜憋尿醒了就去厕所拿试纸测一下,出来眪儿也醒了,躺那儿光剩惆怅了,但早晨雷打不动,还要再测一下,<u>万一呢</u>! 为了增加心理暗示,王瘦溜管老公称呼"先生"意思是赶紧生。王瘦溜一家被怀孕的强大气场包围了。(王小柔《越二越单纯》)

例(174),说话人使用"万一呢"表达了自己的个人看法和推测,带有强烈的主观性。

3.3.1.4.2　未然义

立场标记"万一呢"在语义上表示对某种未然的可能性极小的情况提出假设,其目的在于关联出当出现这种情况后会产生什么结果、该采取何种行动或寻求某种建议的后续句。因此,立场标记"万一呢"具有[＋未然]因子和[＋假设]因子。例如:

> (175) 全力监视手机,也明白如果对方成心防她,她成功的几率几乎没有,联系完了把记录一删,就是一片纯洁的空白。但是,<u>万一呢</u>? 百密一疏,智者千虑必有一失,常在河边走哪能不湿鞋。(《中国式离婚》)

例(175),"万一呢"表达说话人的一种主观推测,具有未然性,"万一呢"后面省略的情况一般是说话人主观上难以控制的,表现出强烈的非意志性特点。

3.3.1.4.3　否定义

前文提及,"万一"本身表示"极小量"义,语义程度极小的词语更容易和否定范

畴产生联系。因此,立场标记"万一呢"除了具有主观义和未然义,其实还隐含了说话人一种否定的立场。例如:

(176) 祥子他看了这个娘们两眼,是的,她只是个娘们! 假如她愿意呢,祥子没法拒绝。他不敢相信她就能这么下贱,可是,万一呢? 她不动,祥子当然不动;她要是先露出点意思,他没主意。她已经露出点意思来了吧?(老舍《骆驼祥子》)

例(176),"祥子"首先觉得"她不会那么下贱",但紧接着使用立场标记"万一呢"表示否定,这种否定并没有出现任何显性的否定词。

3.3.1.5　立场标记"万一呢"的语用功能

立场标记"万一呢"的语用功能主要体现在以下四个方面:立场表达、话语追加、隐性否定和人际互动功能。这些功能从不同侧面体现了交际主体的元语用意识,即交际主体对语篇连贯性的关注以及对交际主体之间关系的关注。

3.3.1.5.1　立场表达功能

立场标记"万一呢"隐含否定义,在语境中表达说话人主观上不赞同的负面立场。在语境中,说话人此种立场的产生并不是一蹴而就的,一般会经历较为复杂的心理认知过程。例如:

(177) 又一想:昨天过晌看看天要变,不是把这些都安置好了么? 可是又一转念:"万一呢,万一哪地方没周到,第二天后悔也晚了! 冻坏一头心也疼的慌啊! 对,一点错也不能出!"(《人民日报》1960 年)

(178) 杜飞烟妙手空空,趁月亮隐入云层,四下瞬间漆黑的片刻,将银票摸出,揣入袖中。"要是没搜到怎么办?""不可能,一定在他身上。""马有乱蹄,人有失神,万一呢?"她不知道今晚到底发生了什么事,段樵到底去了什么地方? 遇见了什么人? 但,只要有人胆敢诬陷她的夫婿,她绝不轻饶。(黄蓉《小娘子驯夫》)

例(177)是说话人的自省,说话人一开始觉得自己的做法可行,可是却不放心,因此文中使用"一转念"表达了说话人想法的改变,之后便用"万一呢"引出说话人的推测和想法,实际上是表达了说话人不赞同的主观立场,从分析可见,说话人立场态度的产生经历了较为复杂的心理认知过程。例(178)亦如此。

3.3.1.5.2　话语追加功能

立场标记"万一呢"在话轮中还具有话语追加功能,主要起到开启新话题,引导听话人对后面话语的关注。例如:

（179）"呵呵，柳域主怕是多虑了，我北灵境在这百灵天中居于偏僻之所，其他那些大境怎么看得上我们这里，谁会没事来花费大力气侵犯北灵境？"唐山似是玩笑地说道。

"<u>但万一呢？</u>"柳擎天淡淡道。

"柳域主若是有话就明说吧，别吊着大家了。"牧锋一笑，道。（天蚕苍穹《斗破巷夸2·大主宰》）

（180）"不够住啊，你要是生三孩子还好办，你要一来劲生九个呢？"

"你也太贪了……"

"觉得你行！所以啊，三愿之后，我意犹未尽呐！多许点儿呗，<u>万一呢</u>？"

"那你说出来听听呗……"（石康《奋斗》）

例（179）中，"万一呢"这种话语追加功能特别明显，说话人"柳擎天"用"万一呢"成功吸引了听话人的关注，为后面引导出他想表达的重点做好了铺垫。例（180）亦如此，起到了开启新话题的作用。

3.3.1.5.3　隐性否定功能

立场标记"万一呢"在表层形式上没有显性的否定标记词，它的否定义是其在演变过程中通过语境吸收推导出来的，并逐渐固化，最后成为这个形式的固有意义。孔庆成（1998）将这种否定称之为"隐性否定"。立场标记"万一呢"除了表示说话人对交际内容所采取的主观态度和观点外，同时还蕴含了对前面话语所表达的内容或事件的隐性否定，即说话人认为"万一呢"前面的话语所表达的想法或事件有所不妥，需要进一步修正，因此通过"万一呢"对前面内容进行否定，同时引出自己的真正想法。例如：

（181）来顺觉得很对不起孩子。孩子小呢，这么小的孩子一日日拴在树上，也太可怜了。他很想偷偷地给孩子解了绳子，让孩子到这楼院里玩一次，哪怕只玩一小会儿。可他知道那绳子是解不得的，万万解不得！村里已出了不少事了。<u>万一呢</u>，万一这孩子摊上一点什么，他的罪孽就更深了。（李佩甫《金屋》）

（182）天文爱好者：很失望。我看估计也拍不着了，再等一等吧。

记者：希望还是能拍到。

天文爱好者：当然了，我觉得天现在好像比刚才要亮一点，<u>万一呢</u>？再等等吧，也不抱太大希望，但是再等等。（《东方时空·全民争睹日食奇观》）

例（181）是"来顺"的自省。来顺经过复杂的心理过程，最终用立场标记"万一呢"修正和否定自己先前的观点，这里"万一呢"未出现任何的否定词，可看成一种

"隐性否定"。例(182)亦如此。

3.3.1.5.4　人际互动功能

刘丽艳(2011：68)指出,"立场标记的人际互动功能体现在交际过程中交际主体间的相互关注,即交际主体间相互配合、相互提示,共同作用于交际"。通常情况下,说话人在表达自己的观点、立场时更注重聚焦于听话人,关心听话人是否同意或接受自己的观点以便交际的顺利进行,因此说话人在交际过程中会采取某些语用策略,如使用立场标记来吸引听话人的注意,缓和气氛,调动听话人参与意识。在言语交际过程中,说话人如果直接否定别人的观点会伤害到对方的面子,显得非常突兀,不利于交际的顺利进行。为了让对方心理容易接受,遵循礼貌原则,说话人会采取某种委婉和恰当的表达方式,这里立场标记"万一呢"的使用正是体现了这种人际互动功能。先看例句:

(183) 父亲说:"我都是汉菩萨了,能出什么事儿?"白主任说:"<u>万一呢</u>? 你已经参与了部落矛盾,谁能保证没有人仇恨你?"说罢,朝着马圈前两个背着枪的军人招了招手说,"赶快出发吧,路上小心。"(杨志军《藏獒1》)

(184) 可是,我的朋友,你会信么? 在我的天平里,我情愿错过整个世界,也不想错过妈妈! 假如妈妈真能从空寺中走出来呢? <u>万一呢</u>? 也许你觉得太唯心,可是冥冥中我总相信,爱,只要不抛弃不放弃,有时真的会产生奇迹! (罗金远、胡昕《想你时,你是一种温暖》)

例(183),说话人"白主任"对"父亲"说的话不太赞成,但是为了维护对方的面子,他没有直接否定对方的想法,而是采取了一种委婉的方法,使用立场标记"万一呢"不仅委婉表达说话人"不赞成"的主观态度,且以一种劝告和商量的语气希望对方也可以接受自己的观点。例(184)亦如此。正是立场标记"万一呢"的使用体现了交际双方在言语交际过程中的互动性。

3.4　本　章　小　结

根据考察,汉语学界中对负面评价立场关注度较高,不管是其形成过程还是生成机制和动因上都显示出较高的研究价值。从内部的形成机制角度来看,负面评价立场标记出现的上下文语境中一般会包含"否定"因子,这类"否定"因子为负面评价立场标记的产生提供了前提条件。笔者认为,与负面评价立场相关的否定因子主要有以下几种:

其一,反问语境。学界对于反问句的认识主要集中在"意在否定"这一点上。

吕叔湘(1945、1990：290)早就指出"反诘实在是否定的方式；反诘句里没有否定词，这句话的用意就在否定；反诘句里有否定词，这句话的用意就在肯定"。郭继懋(1997)进一步指出，"反问句其实就是间接告诉对方的某些观点或行为不合情理。"刘娅琼(2004)认为反问句所具有的整体意义可分为两个部分：一个是理性意义，即大家所说的"否定"义；另一种是附加义，包括提醒义、评价义和强调义。方梅(2017)则明确提出，"反问句有可能是负面评价解读的重要过渡语境(bridging context)。"反问句肯定形式表达否定意义，其实是现代汉语中间接否定的一种方式，同时反问句还是一种语用强调，体现出主观性。可以看出，表达式在主观性的驱动下造成了否定的临时会话义并逐渐规约化，隐含说话人不赞成的主观态度，体现说话人对命题的负面立场。如本书所研究的"X 呢"式立场标记的形成主要是在反问语境下通过语境吸收实现的，"X 呢"表达式主要出现在反问句中，由于反问句的语境吸收，X 都可表示"不 X"之义。此类立场标记否定义的出现正是来源于反问句的语境吸收。

    其二，内部包含否定成分的否定结构。否定结构是由否定成分(否定词或否定语素)与其他成分(语素或词)组合而成的。如本节所研究的否定评价立场标记"少来""难说"两例中都是包含了主要的词内成分"少"和"难"，两者在形成之初都是表示否定义。它们的标记化主要与其内部优势词内成分"少"和"难"的语义发展有关。笔者以"少来"为例，否定成分"少"从已然时态的描述到未然状态的要求，最终到表示否定的主观意图，验证了从数量范畴到情态范畴再到主观范畴的发展过程，这一过程正是隐喻"投射"所起的作用。

    其三，内部包含表"极小量"成分的结构。石毓智(2001)指出，"极小可能性的事情，也容易与否定范畴相匹配"，因此包含极小量成分的结构也是具有否定因子的。如本节所研究的立场标记"万一呢"。虽然"万一"的负面评价功能不是在反问语境下形成，内部也未包含否定成分，但是它由两个极性对立的数词构成，表示极小量"万分之一"，早期主要用于表示未然状态的语境中，从而吸收了[＋未然]的语境义。当"万一"表示在未然的可能性极小的情况提出假设时，其表"推测"的主观色彩就会进一步凸显出来。立场标记"万一呢"的形成过程正是体现了从数量范畴到时间范畴再到主观范畴的投射过程，在这一过程中说话人的负面评价立场最终规约化。

    本节所研究的负面评价立场，其否定语义的量度等级是不同的。可以大致分为高量级、中量级和低量级。任何以价值属性为核心的贬义评价都处在一定的量级上。笔者以立场标记"难说""万一"和"何必"为例，这三个立场标记在具体语境中语义浮现出的等级如下，越往右否定语义等级越高：

难说＜万一＜何必

其中"难说"的规约化程度最低,委婉表达了说话人的"不赞同"的负面立场,其次是"万一",最后是"何必",负面立场标记"何必"其否定等级较高,除了表达"不赞同"之义外,还表现了说话人一种责怪的主观情感。

值得注意的是,本节中语气词"呢"的使用。本节所研究的大部分立场标记其后都出现语气词"呢"与之凝合。这里的语气词"呢"一方面起到了"完句"功能,也就是让表达式在音节上更加稳定,更易凝合成一个固定表达式。更为重要的是语气词"呢"体现了互动性,它是言语交际即时的手段,并不是针对命题的疑问,而是体现了言者对当前话题的评价和态度,同时它的使用可以降低语用强调对听话人面子带来的伤害,提醒对方的关注,体现了交互主观性。

第四章　汉语正面评价立场标记研究

正面评价相对于负面评价而言，主要指的是言者对某个事件、行为或者言语的一种肯定、赞同等主观态度，在此统称为正面评价。正面评价可以选用一些表示正面属性意义的词汇，如"好、不错、美、有意思"之类的。但是本书所关注的是由相关结构规约化而成的正面评价立场标记，其立场解读很难从其词汇构成来源直接得出，此类正面评价立场标记更具有研究价值。此价值不仅在于对言语交际学的个案贡献，也在于将汉语作为第二语言的教学理论发展。

根据考察，汉语中表示正面评价的立场标记数量并不多，我们从形式角度加以研究，可分为结构式和词汇式。下文分别以立场标记"可不是""难怪""果然"加以说明。

4.1　结构式的立场标记——以"可不是"为例

本节主要研究的是结构式立场标记，表示正面评价。这类立场标记一般以三音节或三音节以上为主，形式上已凝合，意义上已固化。

4.1.1　立场标记"可不是"的研究

现代汉语中有两个"可不是"的表达式。《现代汉语八百词》(增订本)(1999：334)指出："可不是"不是习用语，是副词"可"的一般用法，相当于"可＋不是"，如"我可不是开玩笑""你去跟他商量商量——我可不去"；另一个是"习用语"即"习惯用语"，表示同意对方的话，如"咱们该去看看老赵了——可不是(可不是吗、可不)，好久没有去了。"

可以看出这两个"可不是"形式虽然相同，但所表达的意思却大相径庭，甚至是相反的。前一个相当于"可＋不是"，表示一种否定，"可"是用来加强语气的。而后一个"可不是"其结构已经凝合，意思也已经固化，表示"同意或者赞成别人的观点"。它既不是一个词，也不是一个短语，而是一个固化的结构体，本节研究的对象就是后者。储泽祥(2003)对"固化"给予了定义和说明，即"两个或几个紧挨在一起的语言单位，由于频繁使用而化为一个相对稳固的、整体性的语言单位。"储文认定固化现象的范围既包括成语、熟语、惯用语等固化词；也包括如"再见""整个一X"

等固化小句。具体到"可不是"表达式，笔者认为，它不是副词"可"与"不是"的简单相加，其整体意义不能从这两个组成成分中推导出来，可看成一个构式。"可不是"一般用在对话中的应答部分，表示"同意或者赞成别人的观点"，不影响命题的真值意义，只是起到语篇构建和立场表达的功能，同时也可看成一个立场标记，因此"可不是"具有立场标记和习语构式的双重身份。

4.1.1.1　"可不是"的固化历程以及"是"的进一步虚化

笔者发现"可不是"最早连用的例子出现在唐朝，但是用例很少且用在疑问句中。根据石毓智、李讷（2001）等考察，判断词"是"在六朝时期已完全发展成熟，因而此处"可不是"中的"是"可以看成是判断动词，"可"为副词，整个结构为"可"＋"不是"，其中"不是"与后面的成分关系更为密切。例如：

（1）大师言："有疑即问，何须再三。"使君问："法可不是西国第一祖达磨祖师宗旨？"大师言："是。"（《佛语录·六祖坛经》）

（2）太白始自西蜀至京，名未甚振，因以所业贽谒贺知章。知章览《蜀道难》一篇，扬眉谓之曰："公非人世之人，可不是太白星精耶！"（《唐摭言·卷七》）

例（1）中，连用的"可不是"是一个状中结构，"不是"是焦点，"可"修饰"不是"起到加强语气的作用。此例中"可不是"处于一般疑问句的语境中，"使君"用"可不是"提出疑问，后文要求听话人"大师"作出回答。例（2）的语境与例（1）有所不同，"可不是"虽仍然出现在疑问句中，但主要是反问语境中。语气词"耶"处于句末表示反问，副词"可"用来加强语气。反问句中肯定形式表示否定意思，否定形式表示肯定意思，因此这里的"可不是太白星精耶"意思是"李白的确就是太白星精"。根据考察，除了例（1）用在一般疑问句外，"可不是"后来出现的都是在反问语境中。

宋代，"可不是"用在反问句中的例子并不多，主要见于佛教典籍中。例如：

（3）直至敲骨打髓，须有来由。言语如钳夹钩锁。相续不断始得。头头上具，物物上新。可不是精得妙底事。（《景德传灯录·卷十七》）

（4）更不外求唯了自性。应时与佛祖契合。到无疑之地。把得住作得主。可不是径截大解脱耶。（《圆悟佛果禅师语录·卷十四》）

（5）不省梦乡宛尔沉没，还有一法与你为对么？不见古人道，目前无法意在目前，不是目前法非耳目之所到，可不是奇特。（《古尊宿语录·卷二十八》）

元代，"可不是"用在反问句中的比例大大增加，主要出现在《全元杂剧》，且多用于口语对话中。先看例句：

（6）当初刘关张弟兄三人，在桃园中结义，白马祭天，乌牛祭地，不愿同日生，

只愿同日死。我们今日弟兄三人，在蒋家园内结义，<u>可不是</u>赛关张？（《全元南戏·杀狗记》）

(7) 程婴，我若把这孤儿献将出去，<u>可不是</u>一身富贵？但我韩厥是一个顶天立地的男儿，怎肯做这般勾当！（《全元杂剧·赵氏孤儿》）

(8) "千"字下面着个"里"字，"千"字上面着个草头，<u>可不是</u>个"董"字？（《全元杂剧·锦云堂暗定连环计》）

(9) <u>可不是</u>晦气，他起初要我吟诗，偏生再做不来。如今倒气出我四句来了。（《全元杂剧·孟德耀举案齐眉》）

(10) 我思量起来，<u>可不是</u>苦阿。若他每都去了。我也躲那先生去也。（《全元杂剧·瘸李岳诗酒玩江亭》）

(11) 我早安排下酒食茶饭，两口儿快活饮几杯，<u>可不是</u>好？我正要饮几杯哩。我关上这卧房门饮酒者。（《全元杂剧·布袋和尚忍字记》）

根据以上用例可以发现，元代时期连用的"可不是"已发生了两个重要的变化，这两个变化为它的固化打下了基础。其一，连用的"可不是"其所处位置由句中开始向句首发展，并以处于句首为主。董秀芳（2002a：276）认为"句首的自然音步韵律限制比句尾更严格"，虽然"可不是"是超音步，但由于处于句首位置，韵律也对其起到了一定限制作用。其二，"可不是"后面所接的成分由实在的宾语到后来的像"晦气""好"这样表示性质的词语。如例（6）（7）和（8）中的"赛关张""一身富贵"和"一个'董'字"都是指称具体实在的事物，而例（9）（10）和（11）中的"晦气""苦"和"好"都是表示某种性质状态的形容词。由于宾语性质发生了变化，由指称具体事物到表示性质状态，"是"表示判断的意味也开始减弱，为其最终虚化并入到"可不"中提供了前提条件。另外，"可不是"后面的成分变得较为简单，如"好"已经是单音节的形容词，且这种用法越来越多，为其宾语的脱落提供了条件。

明清时期，"可不是"出现在反问句中的比例呈持续上升的趋势，高频使用是"可不是"固化的必要条件。特别是清代，"可不是"主要用于口语对话中，处于应答句的句首位置。先看以下三例：

(12) 宝钗笑道："那会子三妹妹还没出嫁呢，抽得此签就红了脸说，不该行这令。这会子妹夫做了侍郎，<u>可不是</u>得了贵婿么！今儿你又抽着这签，可喜咱们家里上代下代的姑奶奶，都该得贵婿呢！明儿小周姑爷怕不像大周姑爷么！"（《红楼补梦·第二十七回》）

(13) 贾母笑道："可是呢，你自己该打着你那嘴，问着你自己才是。"又向薛姨妈笑道："我不是小器爱赢钱，原是个彩头儿。"薛姨妈笑道："<u>可不是</u>这

样,那里有那样糊涂人说老太太爱钱呢?"(《红楼梦·第四十七回》)

(14) 鸳鸯道:"林姑娘,你们可曾见老太太来没有?"黛玉听见"老太太"三字,
心中惊诧,忙道:"你怎么问起老太太来了,敢是老太太也归了天了么?"
鸳鸯道:"<u>可不是</u>,老太太归了天了。我想我服侍了老太太一辈子,将来
也没个结果,又恐怕后来落人的圈套,趁着老太太还没有出殡,我就把心
一横,恍恍惚惚的像个人把我抽着上了吊了。"(《补红楼梦·第二回》)

以上三例正好验证了"可不是"的发展历程。例(12)中,"可不是"后面还接谓
词性成分"得了贵婿",这里"得了贵婿"其实是复述了前文出现的签文中的内容,使
用"可不是"表示说话人的一种赞同态度。例(13)中,"可不是"位于句首位置,所带
成分在前文已出现,属于已知信息。从语言经济性角度出发,说话人更倾向于使用
指示代词回指前文的某一成分,从而形成了"可不是这样"结构,此例中"这样"代替
前文"贾母"所说的"我不是小器爱赢钱,原是个彩头儿"这一观点,因为是双方正在
讨论的话题,因此指示代词"这样"在上述语境中可以省略,从而形成"可不是"单独
使用的情况。例(14)是"可不是"单独使用的例子,一旦使用凝合,"可不是"主要起
到语篇构建和立场表达的功能,应答标记的互动功能得以凸显。

这一时期,"可不是"还出现了变体,如"可不是么""可不是呢"。以上变体中,
都出现了相同或相近功能词语叠用现象,其中,疑问词"么""呢"的使用起到了加强
互动的作用。例如:

(15) 丹晕道:"这一杯抵得十多杯酒,怎的教人吃得下?"荷生道:"<u>可不是呢</u>!
痴珠就是这样作难我哩!"(《花月痕·十四回》)

(16) 邓宗弼、辛从忠道:"再是两三日,此城必破。今无故退兵,真是可惜!"天
彪道:"<u>可不是么</u>,如今只好丢开。"(《荡寇志·七十八回》)

从以上例句可看成,"可不是"后面的宾语已经脱落,与反问语气词"呢""么"连
用表示一种肯定的意思,"可不是"已经固化。清代特别是清中后期,固化的"可不
是"所处的环境也发生了改变,由出现在反问句中向对话中答句的句首位置发展,
"可不是"也由表示"肯定"的意思转变为"赞成或者同意别人的观点"之义。单独使
用的"可不是"和现代汉语中使用的"可不是"并没有什么区别,开始出现在对话中
答句的句首位置,带有一种主观强调意味。

笔者考察了清代中期和后期的几部作品,包括《儿女英雄传》《红楼梦》《二十年
目睹之怪现状》和《花月痕》,统计了"可不是"用在反问句和单独用在对话中的情
况。见下表:

表 4.1　"可不是"在反问句和对话中的使用情况

	儿女英雄传	红楼梦	二十年目睹之怪现状	花月痕
用于反问句	21	50	6	3
用于对话	5	25	23	8

从上表可以得知,清代后期固化的"可不是"逐渐从反问句中脱离出来,主要出现在对话语境中,表示"赞同"义,带有强烈的主观色彩。清代中期的著作《儿女英雄传》中"可不是"主要还是用于反问句中,而到了清末的著作《二十年目睹之怪现状》和《花月痕》中"可不是"主要是单用,出现在对话语境中。近代特别是现代语料中,固化后的"可不是"出现在反问句中的比例越来越少,主要出现在话轮中应答句的句首位置,显然已经是一个表示正面评价的立场标记。

关于"是"的历时发展历程,不少学者都作了研究,得出了令人信服的结论。学界一般认为,"是"先由指示代词发展为判断词(王力,1958),再从判断词发展为焦点标记的(石毓智、李讷,2001)。董秀芳(2004)则认为由判断词(焦点标记)变成词内成分是进一步的语法化。董秀芳讨论的属于词汇化范畴,与本节讨论的"可不是"中"是"的语法化乃至脱落并不完全相同。

根据上文的论述,"可不是"中的"是"本来是判断词,是一个独立的虚词。由于"是"后的宾语的性质发生了变化,导致"是"表示判断的意味就开始减弱。变成固化结构的内部形式之后,"是"的系连功能减弱,依附性增加,语音也开始弱化。立场标记"可不是"中的"是"已经没什么实际意义,它不具备系动词的功能了。口语中,人们常常不自觉将"可不"的读音拉长,"是"变得短促轻声化。功能上的淡化、语义上的虚化以及语音上弱化导致了固化的"可不是"中的"是"进一步的语法化。

4.1.1.2　立场标记"可不是"的生成机制

笔者认为,立场标记"可不是"形成的主要机制是语境吸收和语用推理。沈家煊(2004)指出:"语用推理和推导义的固化是语义演变的主要机制。"语用推理是对隐含义的推导,是听话人根据语境从说话人的话语中推导出没有说出却实际要表达的意思。"如果话语形式经常传递某种隐含义,这种隐含义就逐渐'固化',最后成为那种形式的固有的意义。"(沈家煊,1998)"可不是"从宋代开始主要出现在反问句中。反问句是一种修辞性的问句,"可不是"在反问句中的语义解释不同于陈述句和一般疑问句。反问句的语用特征是肯定的形式表达否定的意思,否定的形

式则表达肯定的意思。"可不是"受到语境吸收的影响,它的整体语义从否定发展到肯定。例如:

(17) 这是一匹布,两头两个口字,上下叠起,<u>可不是</u>个"吕"字?(《全元杂剧·锦云堂暗定连环计》)

(18) 我早安排下酒食茶饭,两口儿快活饮几杯,<u>可不是</u>好?(《全元杂剧·布袋和尚忍字记》)

"可不是"用于反问句,整个句子的意思表达的是一种肯定的意思,如(17)中的"可不是个'吕'字?"意思是"就是一个'吕'字",带有强调确认的意味。正是由于"可不是"经常出现在反问句中,逐渐吸收了这种语境义,使得"可不是"由否定意思变为肯定意思。

一般认为,如果说话人对一件事情的肯定实际上就是赞成、认同一件事情。因此当"可不是"的肯定义不断固化之后,"赞成、认同"义慢慢也开始形成,并且不断的固化和规约化。这其实也属于回溯推理,一种基于常识和事理的推理。(沈家煊,2004)例如:

(19) 洞仙在旁呵呵大笑道:"我要说一句放恣的话,这东西你只怕是头一回瞧见呢!"我道:"为甚么那么重? 难道是整根是金子的么?"洞仙道:"<u>可不是</u>! 你瞧那墨么?"(《二十年目睹之怪现状·七十五回》)

(20) 紫鹃醒来,看见黛玉已起,便惊问道:"姑娘怎么这么早?"黛玉道:"<u>可不是</u>,睡得早,所以醒得早。"紫鹃连忙起来,叫醒雪雁,伺候梳洗。(《红楼梦·八十九回》)

以上两例中,"可不是"都是表示"赞成、认同",其义在长期使用过程中不断规约化,成为立场标记"可不是"的固有意思。

4.1.1.3　立场标记"可不是"的生成动因

笔者认为,立场标记"可不是"形成的动因主要是语用强调和主观化。说话人在使用反问句时,总会或多或少地带上自己的主观感情色彩,反问句通常是表达的重点,是一种语用强调,而语用强调本身就体现了语言的主观性,因此反问句也是最有可能发生主观化的结构之一。(沈家煊,2001)"可不是"用于反问句中,除了表示肯定之外,还带有强调确认的意味,而之后发展出来的"赞成、认同"义更是带有个人主观色彩。例如:

(21) 永清道:"卿姐可还记得,那年我同你在猿臂寨演武厅上步月饮酒,也同今日一样月色。"丽卿道:"<u>可不是</u>么! 真是光阴如箭,日月穿梭,今夜月

亮同那年的一般。"(《荡寇志·一百三十九回》)

(22) 八姨便问十四姨:"你不自去看戏的吗? 几时回家的? 十二姨、十五姨、十七姨被街上的巡兵拉了去,你知道不知道? 你家里来了强盗,你一个人怎么逃走得脱的呢?"此时十四姨已经坐下,定了一定神,便含着泪说道:"<u>可不是</u>! 我正是去看戏的。他们被巡兵拉了去,我不晓得。我看完了戏,因为天冷,想换件衣服再到你这里来。想不到一脚才跨进了门,强盗就跟了进来,吓得我也没有进房,就一直跑到厨房柴堆里躲起来的。只听得强盗上了楼……"(《官场现形记·第五十回》)

例(21)中立场标记"可不是"用在对话中,表示听话人主观上赞同说话人的观点,带有很强烈的感情色彩,例(22)亦是如此。因此笔者认为"可不是"重在主观表达,通常要重读,且多用于口语中。

4.1.1.4 立场标记"可不是"的语用功能

立场标记"可不是"在言语交际中有着自己特有的元语用功能,可概括为三个方面:语篇构建、立场表达和人际互动。

4.1.1.4.1 语篇构建功能

作为立场标记的"可不是"最初出现在口语对话中,后来扩展到书面篇章,但同时也可以用于说话人内省中。立场标记"可不是"的语篇构建功能主要体现在交际双方对交际进程的把控,使得整个交际过程能够顺利进行下去。"可不是"的语篇构建又可以细分为两个方面,一是直接结束话轮,表达与说话人相同的观点,从而通过"可不是"加以确认或者赞同。例如:

(23) 马东城道:"其实并不是每一个我到去的朋友都是觊觎那一柄宝刀,就是他本人,亦不是一刀在手,就能够无敌天下。"萧七道:"<u>可不是</u>。"司马东城道:"奇怪的就是,想得通这个道理的人竟是那么少。"(黄鹰《无翼蝙蝠》)

(24) "盛小姐,久违久违。""郭先生,客套话不说了,你读到新闻没有?""你那边也看到了? 资讯发达,天涯若比邻。""<u>可不是</u>。""那段新闻真令人沮丧。""程真为什么不肯好好地写?"(亦舒《淡出》)

例(23)中"萧七"用"可不是"接过话轮,在对马东城的观点表示肯定、认同的同时,结束了当前话题,语气一气呵成,形成一个完成的话轮。例(24)亦是如此。

另一种就是"可不是"处于话轮之始,后可接其他成分,对"可不是"表示的认同立场进行进一步的解释和说明,表明说话人的看法。例如:

(25) 房铁孤道:"这个丫头,她自小娇生惯养,未曾出过远门,受过折腾,怕她凉着,又怕她饿着,怕她缺钱用……"紫千豪缓缓地道:"天下父母心,就是如此了!"点点头,熊无极道:"<u>可不是</u>,不当家,不知柴米贵,不养儿女,不知父母心。"(柳残阳《龙头老大》)

(26)　"你这头长发留了好几年了吧?""心疼也得剪啊,下礼拜就开学了,不剪可不行。"妈妈不待她回答就先出声了,她则对着镜子里的妈妈扮了个鬼脸。"<u>可不是</u>,一上国中就什么都不一样了。"(靳絜《点名要你当老婆》)

(27)　抛开了家事的繁琐,摆脱了主妇的身份,卸下了母亲的责任,无牵无挂、自由自在地尽情享受着轻轻松松的快乐时光,真有说不出的舒畅与难以言喻的快慰。阿渔说我高兴得像一只百灵鸟,<u>可不是</u>,一只在笼子里网了两年的鸟儿,一旦飞到笼外,岂有不兴奋的道理?(杨小云《水手之妻》)

例(25)中,说话人熊无极用"可不是"承接了前面的话题"天下父母心,就是如此了",表达了自己的赞同的态度。例(26)中,说话人在表达了自己的赞同态度后,更进一步阐述了自己的观点,引出自己真实的意图。例(27)亦是如此。

4.1.1.4.2　立场表达功能

笔者认为,立场标记在语用上最为重要的功能是表达一定的立场。立场标记"可不是"主要表达了说话人一种认同、肯定的主观立场。这种认同、肯定的主观立场根据引发语义等级不同,可以再细分为赞同、确认、知晓等语用功能。

A. 表示赞同

"可不是"首要的立场功能就是"赞同",即同意或者附和说话人的看法。一般是前文出现了说话人提出的观点和看法,听话人首先用"可不是"来同意前文的观点并进一步阐述自己的想法。例如:

(28)　"昨夜收工,深夜三时左右,车子遇上醉酒驾驶者,蓬一声,幸亏不是头撞,不过老赵还是断了大腿。""不幸中之万幸。""<u>可不是</u>,全无内伤,不过他老婆子女已吓得泣不成声。"(亦舒《绝对是个梦》)

(29)　"说来说去,就是一个是装聋作哑的冷酷男子,一个是恩深义重的美娇娘,冷酷男子对上美娇娘,当然美娇娘受折磨了!"外头又有人嚼舌根。"哎,这就是所谓'流水无情妾有意',可怜啊!"外面讨论起来了。"<u>可不是</u>,可怜的小姑娘。不过,话说回来,赵恭介若不铁石心肠就不叫赵恭介。"(韦伶《花魁双双》)

(30)　静羽闲适地走到季彤身边,低头问她:"说真的,是不是浩野主动钓你的?""不……"季彤才想否认,心思又一转,不晓得承认了之后会有什么后果?"该怎么说呢? 他长得那么英俊。""<u>可不是</u>,我们老三靠的就是他

那张俊脸,骗骗女人!"(芃羽《读心俏佳人》)

例(28)中的引发语是"不幸中的万幸",听话人首先用"可不是"表示赞同,接着引出了自己的真实的想法。例(29)和(30)亦是如此,"可不是"在此语境中其赞同的立场功能十分明显。

另外,笔者发现,在内省的语境中使用"可不是",也是针对自己提出的看法或观点表示一种赞同。例如:

(31) 有一位中等学校校长告诉人,一个旧学生去看他,左一个"你",右一个"你",仿佛用指头点着他鼻子,真有些受不了。在他想,只有长辈该称他"你",只有太太和老朋友配称他"你"。够不上这个份儿,也来"你"呀"你"的,倒像对当差老妈子说话一般,岂不可恼! 可不是,从前小说里"弟兄相呼,你我相称",也得够上那份儿交情才成。(朱自清《你我》)

赞同功能是立场标记"可不是"最重要的语用功能,说话人在使用"可不是"之后往往后面还会有后续成分,对其观点进行进一步的阐述、说明或补充,从而强化这种赞同的功能。有时候还会出现"可不是"连用现象来强调说话人的语气。例如:

(32) "你说这孩子,你就算是父母身上的一块肉,可掉下来,就自个去活了,毕竟跟长在身上不一样了,你跟他生得起气么?"这一句话,差点没把马林生眼泪说掉下来,只在枕头上连连点头,"可不是,可不是……""你呢,老马,看着挺混的,可对孩子也是个痴心的——跟我过去一样。哪个父母又不是这样儿?"(王朔《我是你爸爸》)

B. 表示确认

笔者认为,确认和赞同在形式上区别是前文是否出现了是非问句,是非问句是引发确认的前提条件,也是区别于其他立场表达功能的重要特征。也就是说,表示确认的引发语一般是一个是非疑问句,后面用"可不是"加以确认,并引出进一步的说明。例如:

(33) 高尔基眉飞色舞,"我会叫你们发觉? 这也太小觑我了,我是鸡鸣狗盗辈的佼佼者,看我拍的照片。"他打开大包小包,取出一大叠照片,有些放至台面大小。"什么,都已经冲出来了?"我惊道。"可不是,"他兴奋地说:"宝琳,这下子我可以一举成名了。"(亦舒《蔷薇泡沫》)

(34) 曼蒂就说:"说到丧礼仪式,想要有多少人就可以有多少人。书上这么说的!"路易斯问:"问题解决了?""可不是。最后他们就像书中画的那样,

有 20 个左右的孩子参加了进来,只是没穿丧服罢了。"(斯蒂芬·金《宠物公墓》)

(35)我有一个同乡,定了你们的报。他又不看,可是提到报纸,他总翘起一个大拇指说,"到底是财神爷办的报,不错。""他又不看,怎么知道好歹呢?"K 淡淡一笑。"可不是,妙就妙在这里!"(茅盾《腐蚀》)

例(33)中,说话人"我"用是非问句"照片都已经冲出来了"来提问,说话人紧着用"可不是"来表示确认,来肯定对方的观点并进一步引出自己的观点。其他两例亦是如此。

C. 表示知晓

张先亮(2011)指出,"知晓功能是说话者陈述某一客观事实,而听话者用'可不是'传递对该信息的知晓情况。"该用法与赞同功能的区别在于:赞同是言说双方在交际过程中对某一观点或看法在主观上表示的一种赞同,而知晓功能更多强调的是对说话人表达的观点的知情和明了,是否隐含了认同义需要就具体语境下进行分析。例如:

(36)"周小姐几时结婚?""我不知道。"我说,"休提起。""现在越来越多小姐迟婚了。""可不是。"我想到百灵。"周小姐,你的朋友找你。"(亦舒《城市故事》)

(37)在电梯里,开明遇见困惑的邻居问他:"你们家亲生儿一晚好似要喂三四次。""我有两名。"邻居耸然动容,打起冷颤,"啊,孪生。""可不是。"开明疲乏地笑,现在名正言顺什么都不必想,孩子们救了他。(亦舒《寂寞鸽子》)

例(36)中,说话人提出一个客观事实,即"现在越来越多小姐迟婚了",听话人用"可不是"表示知晓,传递自己已经明白该信息。例(37)亦是如此。

值得注意的是,"可不是"的例句中还出现在以下情况中,即说话人表面上是表示赞同对方的观点,实则是一种讽刺和嘲讽,是一种看似表示肯定实际表示否定的功能。例如:

(38)祖儿愈说愈酸,"今晚最出色的男人,那双连最耀眼的蓝宝石也逊色的瞳眸中,只有你蔷薇·汉姆莱,再也容不下其他女子!""这便是爱情不是吗?""可不是,情人眼里出西施。"祖儿嘲讽道。"祖儿,请不要用这种语气跟我说话。我们以前的感情那么好,现在为什么会变成这个样了?"蔷薇心痛地问。(岳盈《爱到天翻地覆》)

(39)"现在,轮到我乔装了。而且,你自己也看到了,我这身装扮不是很可笑,很像个十足的傻瓜吗?""哦,迪克,你看上去的确像个傻瓜!"她微笑着回答说。"<u>可不是</u>,"他得意洋洋地回答道,"那回你在森林里,不也与我现在的情形很类似吗?"(黑箭《史蒂文森》)

例(38)中,说话人"祖儿"其实心里并不是赞成对方的观点,但是为了让交际顺利进行下去,使用了"可不是",其实这里使用的"可不是"更多的是一种嘲讽的语气,后面出现的"祖儿嘲讽道"也同样验证这一观点。例(39)亦是如此。

4.1.1.4.3　人际互动功能

交际是相互的,通常情况下,说话人在表达自己的观点、立场后最关心的是听话人是否理解他所表达的意思,是否同意自己的观点。立场标记"可不是"的人际互动功能之一在于引导和提示对方交际进程。交际进程包括交际活动的开始、继续和结束,立场标记"可不是"处于话轮之始或中端,引导话轮的转换,用来提示对方交际活动可以持续进行。当"可不是"处于话轮之末,则用来提示着当前交际活动即将结束。例如:

(40)"你见过他女友?"嘉扬点头,"性格相当大方,外形秀丽,绝不讨厌。"嘉维说:"所以我们失去了他。""不,是他自己不甘寂寞,同那女子无关。""嘉扬,你真长大了。""<u>可不是</u>,不知不觉已变得老三老四,熟悉一切江湖伎俩。"(亦舒《这双手虽然小》)

(41)于是,董妈妈把包家父子引诱董茜茜,然后又抛弃她的事,全部告诉孔志彪。"妈的!他们不是人!""<u>可不是</u>,为了这件事,我们母女俩,吃不下,睡不好。""干妈,我不会让别人欺负你,你高兴怎样做,告诉我!"(岑凯伦《豪门奇谭》)

以上两例中,如果将立场标记"可不是"换成了表示一般应答的"是的",交际双方所表达的交互主观性则会减弱,交际互动性也会随之消失。"可不是"除了接收到了肯定信息外,还向对方反馈了自己的认同的主观立场,体现了对会话双方的积极参与度。

4.2　词汇式的立场标记——以"难怪"和"果然"为例

本节主要讨论的是词汇式立场标记,此类立场标记从形式上看标记化程度较高,已经凝合成词,主要表示说话人一种认同的主观立场。

4.2.1　立场标记"难怪"的研究

《现代汉语八百词》(增订本)(1999:408)和《现代汉语虚词词典》(1998:437 - 438)把"难怪"看成副词,表醒悟(明白了原因,不再觉得奇怪),这里的"难"是"不应该"的意思,有"难怪"的小句前或后常有说明真相的小句。《现代汉语词典》(第 7 版)(2019:938)把"难怪"分为副词和动词两类:[副]怪不得(明白事情的原委后,不再奇怪);[动]不应当责怪(含有谅解的意思)。张宝林(1996:433)则把"难怪"归入表示因果关系的偏正连词中。关于"难怪"的副词用法,有更加细致的分类。齐沪扬(2002)和史金生(2003)将"难怪"归为语气副词,表领悟。张谊生(2014:58)为了突出"难怪"的评注性功能,将其定性为评注性副词,表理解性释因。

值得注意的是,《现代汉语虚词词典》(侯学超,1998)提及,在口语中,用"难怪"接话时可以单说,如"还不到五月,怎么就有了西瓜?""这是塑料大棚里都讲究个早。""哦,难怪呢。"此处单说的"难怪呢"已经具备了立场标记的功能,这正是本节研究的重点。笔者在梳理"难怪"的词汇化和语法化的基础上,将重点描述其立场标记功能的形成过程、探析生成动因和机制以及特有的语用功能。

4.2.1.1　非句法结构"难怪"的跨层词汇化与语法化

根据刘红妮(2019:42 - 43)研究,非句法结构的跨层词汇化[①]是指两个原本没有直接组合关系,而只是在句子线性序列上相邻的成分序列经由词汇化而成为一个独立词的语言演变过程。副词"难怪"正是由非句法结构的跨层词汇化而来。例如:

(42)（正旦做跪科,云）公公,非关媳妇儿事,这都是小龙听信婢仆,无端生出是非。媳妇也是龙子龙孙,岂肯反落鱼虾之手?（老龙云）哎,你看他,我面前尚然门强,<u>难怪</u>我小龙儿也!（《全元杂剧·洞庭湖柳毅传书》）

从上例看出,"难怪"是一个非句法结构,形容词"难"表示"不应",动词"怪"与指人名词"小龙儿"构成动宾结构,受到形容词"难"整体修饰。因为宾语是体词性成分,"怪"的动作性还比较强。

明代,"难怪"用例开始增多,其后所带成分不单是体词性成分,还可以出现谓词性成分或主谓短语。例如:

(43)仙女道:"此是上会旧规,今会不知如何。"大圣道:"此言也是,<u>难怪</u>汝等。

---

① 刘红妮在其著作《汉语跨层结构的词汇化研究》中将"非句法结构的词汇化"进一步修正为"非句法结构的跨层词汇化",与"句法结构的短语词汇化"相对应。本书采用其最新观点。

你且立下,待老孙先去打听个消息,看可请老孙不请。"(《西游记·第五回》)

(44) 龟怪曰:"贤弟勿性急,难怪他不从,他乃闺门室女,被俺们一时间捉来,啼泪未干,安肯就与俺们成亲。"(《北游记·第十回》)

(45) 怎奈做试官的自中了进士之后,眼睛被簿书看昏了,心肝被金银遮迷了,那里还像穷秀才在灯窗下看得文字明白,遇了考试,不觉颠之倒之,也不管人死活。因此,孙彻虽则一肚锦绣,难怪连年不捷。(《包龙图判百家公案·第八卷》)

例(43)"难怪"后接体词性成分且结构短小,"怪"的动词性还很强。例(44)和例(45),"难怪"后接主谓结构,句子中出现两个动词,前一个动词"怪"容易发生虚化,句法上向形容词"难"靠近。特别是例(45),"难怪"所接成分"连年不捷"表示消极性结果,并能在前文找到产生此结果的原因,即"做试官的自中了进士之后,眼睛被簿书看昏了,心肝被金银遮迷",说话者心里对"孙彻连年不捷"不再感到奇怪,因此"难怪"既可以解释为"不再责怪",也可以解释为"不再奇怪",已具备了成词倾向。

随着"难怪"后接成分的语义从消极性扩大到中性乃至积极性时,"难怪"的副词用法便形成,笔者在明代《隋炀帝野史》中找到一例:

(46) 稠奏道:"微臣叫做何稠。"隋炀帝猛想起说道:"朕向日初幸江都,有一个何安,曾献一驾御女车,此人可是一家?"何稠说道:"就是臣亲兄。"隋炀帝道:"原来就是弟兄,难怪此车造得巧妙。"(《隋炀帝艳史·第三十回》)

此例中,"难怪"后接表示积极结果的主谓结构,"怪"的动作性已经很弱,与"难"凝合成词。副词"难怪"表示醒悟义(按照上文提供的事实和情况,具有如此结果不足为奇)。

清代,"难怪"随着使用频率的增加得到进一步固化并完全凝合成一个语气副词。例如:

(47) 阿莲摸着雪花周身圆紧,皮肉细结,便说:"难怪你有力气,会走路背我,我不如你,你摸摸我的身上。"(《海上花魅影·第十五回》)

(48) 袁夫人又向宝珠道:"听说你也昏过去了,可有这事么?"宝珠连说没有。柳夫人笑道:"他见他姊妹这样了,他便也急坏了。"袁夫人笑道:"倒是这孩子心热,难怪他姊妹们都和他好。"(《泪珠缘·第九回》)

例(47)和例(48)中,"难怪"主要在句首位置,所修饰成分的语义为中性乃至积极性,如"他姊妹们都和他好",此处"难怪"的副词用法十分明显。

　　"难怪"的副词用法萌芽于明代,成熟于清代。"难怪"主要有两个成词标志:一是形式上,"难怪"后续成分的性质由体词性向谓词性或主谓结构转变,且"难怪"可与其他副词连用。二是语义上,"难怪"后续成分的语义由[＋消极性]向[－消极性]转变。"难怪"连用之初,主要修饰结构短小的体词性成分,其结构层次如下:

$$[难[怪＋[NP]]]$$

其中,"难"为形容词,"怪"为动词与其后的体词性成分构成动宾短语再受到"难"的修饰,"难"与"怪"的分立比较明显。但随着动词"怪"的宾语由体词性向谓词性或主谓短语发展后,结构出现了重新划分的可能。因为同一结构中如果出现两个动词,前一个动词容易发生虚化,随着语义重心落向后一个动词,"怪"的动作义必然减弱,容易与前面的"难"凝合,逐渐形成一个副词。结构层次如下:

$$[[难怪]＋[VP/主谓短语]]$$

　　"难怪"成词的另一标志就是与语气副词"也"连用修饰后面的谓词性成分。例如:

（49）乃答道:"姥姥,你不知道,那个姑娘就是我二哥哥屋里的人,因为我二哥哥出了家,所以太太把他打发出去嫁了。"刘姥姥点头叹息道:"说起宝二爷来,也难怪太太们想起来就淌眼抹泪的。"(《补红楼梦・第八回》)

（50）赵温道:"我听见王大哥讲过,老伯还没养世兄,怎么倒做起亲来呢?"钱典史道:"你原来未入仕途,也难怪你不知道。大凡像我们做典史的,全靠着做生日,办喜事,弄两个钱。"(《官场现形记・第二回》)

　　以上例句中,"难怪"前面出现其它副词与之连用表明"难怪"已经是一个典型的语气副词。

　　清代,副词"难怪"常常处于句首位置,前后分句可出现表示"原因"义的"原来"与之搭配,"难怪"的关联义得到凸显,"难怪"进一步语法化为关联副词。例如:

（51）因道:"伶儿,我多天不见你,洗妆的时候,原来越出落得可人意儿,难怪宝兄弟常常提起你呢。"伶儿听说,不禁脸红了。(《泪珠缘・第七十五回》)

（52）玉英便暗中告诉春云,曹小鬼如此如此。春云道:"难怪曹小鬼近日有洋钱,原来如此。"春云便告诉了水如,水如又告诉了弟兄四人。(《海上花魅影・第九回》)

　　以上两例代表了两种不同类型的复句格式。一种是前因后果式,如例(51),"原来"所接原因在前,"难怪"所接结果在后。另一种是前果后因式,如例(52)。

"难怪"所接结果在前,"原来"所接原因在后。不管何种格式,就其前后成分以及整个句子和语篇而言,"难怪"的关联功能明显,可以看成关联副词。

4.2.1.2　"难怪"的标记化

吴福祥(2005)指出:"话语标记的产生也经历了与词汇语法化相同的语义演变(泛化、主观化)、'去范畴化'、重新分析、语音弱化等过程,并且也呈现单向性和渐变性特征。因此,话语标记的产生也是一种典型的语法化现象。"立场标记"难怪"是在副词"难怪"的基础上进一步语法化和标记化的结果,下文将重点探讨"难怪"立场标记功能的形成轨迹、动因和机制。

4.2.1.2.1　立场标记"难怪"的形成轨迹

当"难怪"所带成分在前文不远处出现时,根据语言经济性原则,说话人可通过指示代词复指前文内容或者直接省略后续成分形成"难怪"独用,"难怪"成为独立语,可以出现在相关的小句或句群前后,并且主要表达说话人一种"认同"的立场态度,可看成一个立场标记。例如:

(53) 陈君道:"这是时务报馆里得的消息,大约确实,并且报馆的旧总理很不舒服哩。"紫人道:"<u>这也难怪</u>,他创办时本是费了一番苦心的。"(《新茶花·第四回》)

(54) 常禄猛然想起说,"哦,是了……怎么老太太说,叫你问我呢? 这也奇了。"普津道:"<u>这也难怪</u>。那天老太太说,家里事情,都仗着妹妹分心。一来离不开,二来就这么一个女儿,总要个四水相合,门当户对。你们哥儿们,全都愿了意,然后才可以聘呢。"(《春阿氏谋夫案·第十二回》)

(55) 见一骑人马拥护一主而出,乃一潘字大旆帅旗,郑印一想自己身居王爵,此官乃一大将军之职,应当下马相见,今仍是公然马上而来,好生无礼,暗怒中又思他未曾得知主上封吾王位,此乃不知不罪也,<u>难怪</u>,且暂相见为是。(《赵太祖三下南唐·第八回》)

例(53),指示代词"这"指代前文出现的"旧总理很不舒服"这种状况,充当复指性话题主语,"难怪"主观评注功能突显,充当高谓语,前面出现副词"也"修饰,从而造成"这也难怪"单独使用。例(54)亦如此,例(55)指示代词"这"甚至可以不出现,造成"难怪"单独成句。此例中"难怪"已经是一个立场标记,除了表示"醒悟"义,还表达了说话人对某种结果的主观认同。可以发现,例(53)和(54)是对话体,例(55)是独白体,立场标记"难怪"主要出现在这两种语体中。独白和对话都具有较强的口语色彩,这种表达语境与立场标记"难怪"的醒悟义也是相适宜的。

当"难怪"在形式上单独成句,与前后句子用逗号隔开;在句法上,不充当句子的成分,去掉后不影响完句;在语用上,具有构建语篇和凸显主观情态的功能,这时"难怪"可以看成一个典型的立场标记。"难怪"的立场标记用法萌芽于清代,成熟于民国时期。"难怪"从非句法结构到立场标记的生成轨迹实际上是行域—知域—言域[①]的发展过程。非句法结构"难怪"中动词"怪"表示责怪,责怪的对象一般都是具体人或事,其动作性很强,与现实具体行为相关,属于行域。副词"难怪"中"怪"表奇怪,与主体的心理活动和认知有关,属于知域。而立场标记"难怪"则表达言者的主观认同态度,属于言域。至此,"难怪"的演变过程可见表4.2:

表4.2　"难怪"词汇化、语法化和标记化的轨迹(从左至右)

难 + 怪	难　怪	难　怪	难怪(呢)
非句法结构 表不再责怪	语气副词 表醒悟	关联副词 用来连接	立场标记 表醒悟和主观认同

　　立场标记"难怪"至少有两个基本变体:"难怪呢""(这)也难怪"[②]。以上变体中,都出现了相同或相近功能词语叠用现象,如同是表语气功能的"难怪"和"呢""也"的叠加。根据张谊生(2012)研究,叠加是指在原有表达方式的基础上再加上相近或相关的成分,形成一种复沓或套叠的语言形式,并将叠加分为四种形式:并存式、累积式、框架式、糅合式。并存式叠加是指两个或多个同义或近义的句法成分,一起并存共现而形成的复置(overlaying)形式。"难怪呢"和"也难怪"都属于并存叠加式,把两个都可表语气功能的词语叠加在一起,起到强化主观表达的作用。例如:

(56) 燕西道:"听说邓家太太们组织了一个缤纷社。三嫂也在内吗?"玉芬对屋里努一努嘴,又把手摆一摆。说道:"我和他们没有来往。我学几句唱,都是花月香教的。"燕西道:"难怪呢,我说少奶奶小姐们捧坤伶有什么意思,原来是拜人家做师傅。"(张恨水《金粉世家》)

(57) 方休恨恨地道:"当大学士辅先王理朝政时,庭若闹市;被黜后,门可罗雀。刘破来寻后,连庄里门客都走个干净;而今父亲已过世,谁还敢来?"李布衣叹道:"这也难怪,人在人情在,人死两分开,人少不免多为自己着想,免惹是非的了。"(温瑞安《刀巴记》)

---

①　参见肖治野、沈家煊《"了₂"的行、知、言三域》,《中国语文》,2009年第6期,第518—527页。

②　话语标记"难怪"的变体有"难怪呢""(这)也难怪""难怪呀""难怪啊"等,笔者通过对语料的考察,常用的主要有两个:"难怪呢""(这)也难怪"。

例(56)中,"难怪"表示醒悟语气,"呢"在陈述句中表示确认性断言。李军华、李长华(2010)指出,确认性断言是指说话人对某一事实真相进行确认性的陈述与说明。"呢"的确认语气与"难怪"的醒悟语气是相通的,正是因为说话人对产生某种结果的原因得到确认后才有所醒悟。两者叠加使用传递了说话人是因为深究后才形成的主观认同。例(57)中,"也难怪"是"难怪"前叠加表委婉让步语气的副词"也"。"也"的让步语气与"难怪"的醒悟语气也相匹配,表明说话人对事态原因有了进一步的理解后,产生一种心理让步,认同现在的结果。

4.2.1.2.2 立场标记"难怪"的生成动因

立场标记形成的根本动因是语言交际动态性与随意性的特点与交际所要达到目的之间的矛盾。为了克服这一矛盾,实现说话者对语境的顺应和让听话者能够更好理解说话者的用意,交际双方采用话语标记这一语用机制。具体到立场标记"难怪"的形成动因,笔者认为主要是一种语用移情。国内最早将移情用于语言学研究的是何自然(1991)。他认为,移情在语用学上指的是言语交际双方情感相通,能设想和理解对方的用意。语用移情实际就是语用站位,说话人站在何种立场采用何种语言形式来表达自己的主观态度。语用移情促使说话人从具体语言形式的潜式系统中进行优化选择,从而达到调节人际关系、缩短交际双方心理距离的目的。立场标记"难怪"的使用显然受到了语用移情的影响。

(58) 曾英道:"既非真情,如何在府处招认?"

廷桂道:"大人明见,苦打不得不招。"

曾英道:"这也难怪。本部堂如今上个本,与你伸冤罢了。"(《绣戈袍全传·第三十回》)

(59) "那你的老师是谁?"考官惊奇地问。

"沈正兰。"

"难怪呢! 沈正兰可真是了不起啊!"(《作家文摘》1996 年)

例(58),曾英先是不理解廷桂"为何招认",当听到廷桂说到"苦打不得不招"后,顿时明白了原因醒悟过来并主观上认同这一原因导致的结果。此处"这也难怪"去掉后不影响句子的真值条件,但使用"这也难怪"表明说话人是站在听话人的立场设身处地去来考虑问题,说话人在心理和情感上尽力贴近听话人,达到主观融合从而产生移情效应。正是这种移情效应强化了说话人的主观态度,使"难怪"的立场标记用法得以产生。例(59)语用移情效果也十分明显。

当一种移情表达形式在言语交际中具有较好的表达效果,就会受到重复机制的影响,使用频率加大并最终规约化,正如本节所研究的立场标记"难怪"。

4.2.1.2.3 立场标记"难怪"的生成机制

"难怪"从非句法结构演变为立场标记与它在交际中所处的语境、语用推理中"回溯推理"都有密切关系。"回溯推理"（abduction）[①]不同于演绎推理和归纳推理，是一种基于常识和事理的推理，其结论不一定为真，而是很可能为真，所以可以在特定语境里消除（沈家煊，2004）。其推理结构一般为三段式：

大前提：如果 p，那么 q

小前提：q

结论：可能 p

其中大前提是事理、常识，小前提是已知事实。我们通过实例加以说明：

> （60）某高等院校曾进行一次"国情"知识测验，99％的人认为中国的领土面积是 960 万平方公里，根本不知还有 300 万平方公里的海洋国土。也难怪，他们从小到大，老师讲的都是"960 万"。（《报刊精选》1994 年）

此例中立场标记"也难怪"不仅表示醒悟义，还表达了说话人的主观认同。这种醒悟义的产生正是"回溯推理"的结果。分析如下：

大前提（事理）：如果学生不知道某一知识，那么可能与老师没教有关。

小前提（事实）：从小到大，老师讲的都是 960 万（没提过 300 万平方公里海洋国土）。

结论：学生不知道（情有可原）。

通过大前提和小前提，笔者很容易推理出"学生不知道"这一结论。在整个推理过程中，"难怪"的醒悟义得以产生。

既然说话人已经理解原因并有所醒悟，那么很有可能对此原因导致的结果产生主观认同并实现移情。立场标记"难怪"的主观认同态度正是在原因和结果推论性语境下通过语境吸收后逐渐形成并最终规约化。

4.2.2 立场标记"果然"的研究

在谈论立场标记"果然"的形成之前，首先需要界定"然"的性质。关于"然"的性质，有些学者认为"然"既是形容词词尾，也是副词性词尾。"然"这两种词尾性质，王力（1958：315）指出："就一般情况说，形容词词尾'然'变成副词。"按照王力的观点，一方面形容词加词尾"然"可变成副词，另一方面，在形容词加词尾"然"变成副词之后，这个原本是形容词词尾的"然"似乎也就变成了副词词尾。杨荣祥

---

① 参见沈家煊《语用原则、语用推理和语义演变》，《外语教学与研究》，2004 年第 4 期，第 243—251 页。

(2001)认为，"然"在上古汉语中主要做形容词词尾，表示"……样子"的语义。副词词尾"然"则来源比较复杂，一方面直接来自形容词词尾；另一方面，后来出现的"X然"是在本来用作副词的 X 后加上词尾构成的，如"蓦然、决然"。虽然杨荣祥提到了副词词尾来源之一是形容词词尾进一步虚化的结果，但是对于副词词尾"然"的来源的另一种情况却没有加以说明①。本节所要研究正是这种情况。一直以来，语法学界都认为副词词尾"然"直接来自形容词词尾"然"，却没有充分注意到"然"与前面的词融合的同时，由于本身指代性的降低而降格成一个词缀，具有构成新词的能力。马庆株(1998：194)也将"然"看成词缀，他按照词缀标示词性的功能将其归入跨类词缀中。认为词缀"然"可以构成形容词、副词和连词这三类。

　　"然"从历史上看，作指示代词的用法出现很早，先秦时期就已经出现。表示"如此、这样"的指示代词用法是"然"的基本意义。杨伯峻(1981：122)指出，"然"字用法很多，基本意义是"如此"，"然"从一个指示代词变成一个词缀的过程实际上是进一步语法化。作为指示代词的"然"可以看作是一个意义比较实在的词，随着指代性的弱化和可及性的降低，"然"独立成词的能力也开始变弱，逐渐并入成为一个词缀。作为一个词缀，"然"的语义开始虚化，依附性增强，语音也开始弱化。语法化是一个渐进的过程，其常见的链条(cline)是：词汇词＞语法词＞附着形式(clitic)＞屈折词缀(inflection affix)，从左到右，语法化的程度逐渐加深。从目前情况看，"然"最后语法化成了一个后缀。笔者认为，"然"由一个指示代词语法化为一个后缀，并不是自己独立完成的，而是涉及"然"与前面成分的融合且并入的问题。

4.2.2.1　"果然"的副词化

　　作为谓词性指示代词"然"经常在句中充当谓语成分。由于副词可以充当修饰谓词性成分的状语，指示代词"然"前面自然可以出现一些副词。笔者对"然"前副词进行分类，主要有以下几种类型：

　　其一，表示语气的副词，如"果""诚"等可以出现在"然"之前，进行相关语气上的限定。例如：

(61) 子家、子公将朝灵公，子公之食指动，谓子家曰："佗日指动，必食异物。"及入见灵公进鼋羹，子公笑曰："果然！"(《史记·郑世家》)

(62) 禽子曰："吾取粟耳，可以救穷。"墨子曰："诚然，则恶在事夫奢也。长无用好末淫，非圣人之所急也。"(《墨子·后语上》)

---

① 杨文将"然"看成词尾，笔者认为是词缀。

其二,"然"之前还可以出现表示总括或类同的副词,如"皆""亦"等:

(63) 地定制,令齐、赵、楚各若干国,使悼惠王、幽王、元王之子孙毕以次各受祖之分地,地尽而止,及燕、梁它国**皆然**。(《汉书·卷四八 列传第一八》)

(64) 河内凶,则移其民于河东,移其粟于河内;河东凶**亦然**。(《孟子·梁惠王上》)

其三,"然"之前还可以置入一些表示否定的副词,如"不""未"等,或者出现一些表示时间的副词从时间上加以限定。如"既"等。例如:

(65) 上帝板板,下民卒瘅。出话**不然**,为犹不远。靡圣管管。不实于亶。犹之未远,是用大谏。(《诗·大雅·板》)

(66) 失此二册,羌人故敢为逆。失之豪氂,差以千里,是**既然**矣。(《汉书·赵充国传》)

以上例句中,谓词性指示代词"然"与单音副词两者组成状中结构。那么,上述状中结构怎样固化为一个词,其过程如何,又受到哪些因素的影响,谓词性代词"然"的指代功能又是如何弱化,以及"然"的可及性的降低对整个词汇化过程的影响,都值得关注。

"果然"最初连用是"副+代"的句法结构,"果"是语气副词,意思是"果真、真的",作状语;"然"是谓词性指示代词,表示"如此"之义,充当谓语受"果"的修饰。"果然"连用的例子最早出现在先秦《庄子》中,共有三例。如:

(67) 适莽苍者,三餐而反,腹犹**果然**;适百里者,宿舂粮;适千里者,三月聚粮。(《庄子·逍遥游》)

(68) 生有为,死也亏。公以其死也,有自也;而生阳也,无自也。而**果然**乎?(《庄子·寓言》)

(69) 是若果是也,则是之异乎不是也,亦无辩;然若**果然**也,则然之异乎不然也亦无辩。(《庄子·齐物论》)

值得注意的是,例(67)中的"果然"意思并不是"果然如此",而是"饱的样子",因此并不是我们讨论的副词"果然"的源头形式。例(68)和例(69)中的"果然"是一个句法结构,表示"果然如此"的意思,这才是成词的"果然"的最初源头形式。

汉代,"果"与"然"连用的例子并不多,主要出现在《史记》中,例如:

(70) 说者曰:"人言楚人沐猴而冠耳,**果然**。"项王闻之,烹说者。(《史记·项羽本纪》)

(71) 骂曰:"天下谓刀笔吏不可以为公卿,**果然**!必汤也,令天下重足而立,侧

目而视矣！"(《史记·卷一二〇　列传第六〇》)

　　这一时期，"果然"在句子中仍主要充当谓语，一般是独用，后面不接其他词语。如例(70)和(71)中的"果然"都是单独使用的。其中，"然"是一个独立的谓词性指示代词，指代前面出现的事物，先行语一般就在"然"之前，人们能够较容易找出其指代的成分，如例(70)中"然"指代的就是前面出现的"楚人沐猴而冠"这种说法。可以看出，这一时期"然"的指代性比较强，还保持着较大的独立性。

　　魏晋南北朝，"果然"出现的比例有所增加，但是总体数量不多。先看例句：

(72) 问曰："汝邻比何人也？"曰："康七。"遂遣人捕之。"杀汝妻者，必此人也。"已而<u>果然</u>。(《搜神记·卷三》)

(73) 或问其故。曰："南湖有舟，遇此风，道士求救。"验之<u>果然</u>。西安令于庆死，已三日。(《搜神记·卷一》)

(74) 帝问学士鲍照、徐爱、苏宝生，并不能悉。渊对曰："此是司马越女，嫁苟晞儿。"检访<u>果然</u>。(《南齐书·卷五二》)

(75) 修又尝出行，筹操有问外事，乃逆为答记，敕守舍儿："若有令出，依次通之。"既而<u>果然</u>。(《后汉书·杨震列传》)

　　从以上例句中可以看出，魏晋南北朝时期，"果然"的句法位置和句法功能发生了一些变化。先秦两汉时，"果然"在句子中以单独充当谓语为主，前后一般不接其他成分，独立性比较强。而魏晋六朝时期，"果然"虽仍充当谓语，但是前面一般有其他成分，如"已而果然""验之果然"和"检访果然"等，这种用法较单独使用的用法更多。

　　上述变化表明，作为一个词组"果然"的独立性开始减弱，依附性开始增强。这一过程，也伴随着"然"可及性的降低。另外，我们在《后汉书》中搜集到这样一例：

(76) 复伤创甚，光武大惊曰："我所以不令贾复别将者，为其轻敌也。<u>果然</u>，失吾名将。"(《后汉书·贾复列传》)

　　这一例中，"果然"的句法位置发生了较大的变化。前面提及，句法结构"果然"一般在句子中充当谓语，前面还可以出现主语。随着语言发展，"果然"逐渐用在省略了分句主语的动词或动词性结构前面，形成的句法位置是：果然，VP。虽然"果然"与VP之间有逗号隔开，但是由于句法位置的改变，提供了<u>重新分析</u>的可能。这一时期，我们发现"然"的指代功能已经开始弱化，但是并没有完全消失。笔者认为，下面一例中"然"的可及性已经消失。例如：

(77) 诸葛恪多辈耳！近张敬仲县论恪，以为必见杀，今<u>果然</u>如此。(《三国

志·魏书·刘司马梁张温贾传》引《魏略》）

从句法位置和句法功能角度看，"果然"不再独立使用，也不再充当句子的主要谓语成分，而是处于谓语的前面充当状语。更为重要的是，"果然"后面所接的"如此"本身也是指示代词，具有指代功能，其语义与指示代词"然"一致。从语言经济性角度出发，表示相同词义的两个词语一般不会同时出现，否则会造成语用冗余。因此，笔者认为在这种情况下，"然"的指代性已经虚化，才会导致"果然"和"如此"的结合。"果然"和"如此"的连用可以看成"然"的指代功能完全虚化的重要表现，正是"然"的指代功能的虚化和可及性减弱，从而为它的并入提供了必要的条件，指示代词"然"的并入使得"果然"的表意重心向"果"倾斜。语义上的变化同时会引起句法位置和句法功能的变化，作为副词的"果然"开始修饰动词或动词短语，由于副词功能的稳固，"果然"还可以修饰一些较长的动词性短语。

唐五代，"果然"的副词用法开始增多且渐渐固定下来，它不仅可以修饰动词和动词性短语，甚至可以修饰一些较为复杂的谓词性短语。例如：

(78) 法师言："道俗有一万余人，可无有一人解者?"和上言："看见不见。"法师言："见是没?"和上言："果然不见!"（《菩提达摩南宗定是非论·卷一》）

(79) 冲波突出人齐谏，跃浪争先鸟退飞。向道是龙刚不信，果然夺得锦标归。（《全唐诗·五五一卷》）

(80) 巴东有巫山，窈窕神女颜。常恐游此山，果然不知还。（《全唐诗·二六卷》）

(81) 大王到庵，果然怪迟。仙人道："大王! 大王! 近日多不精勤，汲水即一日不来，采果乃午时方到。"（《敦煌变文集新书·卷二》）

(82) 道明敬仰之心辞行者，便回向北去。至于虔州，果然见五十余僧来寻卢行者。（《祖堂集·卷第二》）

以上例句中处于状语位置的"果然"可以看作副词。这时"然"的指代性已经完全虚化，"然"的意义已经变得可有可无。"语言中某个成分所表示的意义如果不那么显著的话，那他就容易在人们的印象中逐渐消失掉……"（祝敏彻，1957，转引自《汉语语法化研究》114 页）谓词性指示代词"然"的指代功能的减弱和可及性降低，使得"然"实现了并入，这是"果然"成为副词的重要内动力。

元代以后，"果然"副词的用法开始增多，且副词的用法更加成熟。例如：

(83) 嗱，报的大王得知，有中大夫蔺相如来了也。恰才说罢，相如果然来了也。（元《全元杂剧·保成公径赴渑池会》）

(84) 不够半年，将此一方的人都化的吃了斋素。果然这任屠杀生太众，性如

烈火。（元《全元杂剧·马丹阳三度任风子》）

（85）你要把别家的，一手擎来，谁知在家的，把你双手托开！果然是朵的到先朵了，你曾见他那门儿安在？（明《初刻拍案惊奇·卷三十二》）

（86）正说着，果然报："云姑娘和三姑娘来了。"（清《红楼梦·七十五回》）

元代以后，"果然"副词用法已占绝对优势。副词"果然"的用法主要有以下两点变化：其一，"果然"出现的位置更加灵活，既可以出现在主语后、谓语前，也可以出现在主语前的位置，如例（83）中"果然"出现在主语后、谓语前的位置，例（84）中"果然"则出现在主语前。其二，"果然"所修饰的成分更加复杂，更加多样化。它不仅可以修饰单个动词或动词短语，也可以修饰比较复杂的结构，如例（84）"这任屠杀生太众，性如烈火"则是一个比较复杂的结构。另外，"果然"可以修饰单音节词，如"是""报"，如例（85）、例（86）中"果然是"和"果然报"。以上例句中，"果然"的语义是意料之中，即说话人认为某一事件的发展是符合自己之前的推测，与自己的料想保持一致。

4.2.2.2　"果然"副词化的生成动因

从上述分析可以得出，句法结构"果然"的副词用法萌芽于南北朝时期，形成于唐五代，元代以后"果然"的副词用法更加成熟。句法结构"果然"之所以得以副词化，主要有以下几个方面的原因。

其一，韵律因素。董秀芳（2002a：276）指出，"句首的自然音步韵律限制比句尾更严格"。"果然"连用的初期，主要在句子中充当谓语成分，前面一般会出现主语，这种情况下，"果"与"然"不能置入同一个音步。随着语言的发展，句法结构"果然"之前的主语开始省略，"果然"开始出现在一个分句的句首位置，后面可以修饰双音节的动词或动词性短语VP，形成的音步是"果/然/VP"，"果"与"然"都是一个单独的音节，不在一个音步中。由于韵律的不和谐和结构的不稳定使得语音停顿发生了改变，变成"果然/VP"。这种情况下，使得人们将它作为一个整体加以处理。从认知的角度来看，这实际上是一种心理"组块"（chunking）效应。这种"组块"可以让人们将其看成是一个双音词而不再是一个句法结构。

其二，语义因素。"然"作为一个指示代词，在语义表达上具有回指功能。"然"可以指代前文出现的一个成分，从而避免重复，使语言变得简洁。起初，"然"的可及性比较高，可以在"然"出现的前文将其先行语轻易地提取出来。如"孔子使之齐，瞿母请之。孔子曰：'无忧，瞿年四十后当有五丈夫子。'已而果然。"中"然"指代的成分就是前文不远处的"瞿年四十后当有五丈夫子"。如果一个代词可及性比较高的话，这个代词不容易发生意义上的虚化。但是，代词的可及性并不是一成不变的,很多因素会导致可及性的弱化和降低。这里由于"然"指代的先行语本身形式比较长,这样会导致"然"与其回指的成分之间的距离变大,从而影响到"然"的可及性。如"生有为,死也亏。公以其死也,有自也;而生阳也,无自也。而果然乎?"中"然"所指代的成分"公以其死也,有自也;而生阳也,无自也"。形式比较长,这样必然会影响听话人对句子的理解,听话人很可能不再将"然"与其先行语联系在一起,而仅仅将"果然"当作一个成分。

可以说,"然"的可及性降低是所有"X然"成词的关键因素,这样一来,人们在理解单音节副词 X 与谓词性指示代词"然"构成的句法结构时,就有可能不再将"然"与前面较为复杂的先行语联系在一起,开始将"X然"当作一个整体来处理。

其三,句法位置。刘坚等(1995)指出,"句法位置的改变和词义变化是词汇语法化过程中两个基本而又互为依存的条件。"笔者认为,句法位置和语义变化两者实际上是相互影响的,相互渗透的。句法结构"果然"主要充当句子的谓语成分,前后不出现其他成分,独立性比较强。随着"然"的指代功能的弱化,句法结构"果然"开始用在因承前而省略了分句主语的动词或动词性短语之前,出现了"果然,VP"这样的句法环境。例如:

(87) 我所以不令贾复别将者,为其轻敌也。<u>果然</u>,失吾名将。(《后汉书·贾复列传》)

(88) "曩固疑其不就牢狱,<u>果然</u>,杀吾贤傅。"(《汉书·萧望之传》)

前文提及,虽然"果然"与"VP"之间有一个",",隔开,但由于"然"的指代功能弱化,使得"果然"的表意重心向"果"倾斜,从而促使了"果然"的词汇化为一个副词。正是在这样特定的语法环境下,进一步导致"然"向一个词内成分发展。

句法位置的改变是"X然"向附加式双音副词转变的重要语法环境,容易引起人们的重新分析。在笔者调查的副词"X然"的形成过程,大多数都是经历上述句法环境的改变。例如:

(89) 以所任贤,谓之主尊国安;所任非其人,谓之主卑国危,万世<u>必然</u>,无所疑也。(《春秋繁露·精华》)

(90) 吾尝学此矣,忠信之事则可,<u>不然</u>,必败。(《左传·昭公十二年》)

由于分句主语省略和节奏上等方面的原因,人们极有可能将"X然"与后面的VP重新组合和分析。以(87)为例,"果然,失吾名将"既可以理解为"果然这样(他轻敌),我们就失去了一个名将",也可以将"果然"与"失吾名将"放在一起理解,即"我们果真失去了一个名将"的意思。其他各例亦是如此。正是由于这一语境的过渡,当"X 然"与 VP 之间没有任何停顿,且"然"的指代功能发生弱化时,"X 然"就容易被理解成一个附加式双音副词。

至此得出,"X 然"词汇化过程实际上伴随着"然"指代功能的弱化并向词内成分虚化的过程。虽然"X 然"成词的时间有先有后,但是可以肯定的是,已经成词的"X 然"中"然"可以看成是一个词缀。

4.2.2.3　"果然"的标记化过程

前文提及,"果然"在刚刚连用时,主要充当谓语成分,前面一般会出现主语,"果"和"然"仍然分立。随着语言的发展,特别是到明清时期,句法结构"果然"之前的主语开始省略,"果然"有出现在句首位置的可能,并修饰整个句子,用以表达说话人对所发生的事件一种料定的态度。之后,语气副词"果然"省略其后成分,出现单独使用的情况。这在清代已经非常常见,例如:

(91) 月卿插嘴道:"便是方老爷也可以不必去了。外面西北风大得很,天已阴下来,提防下雪。并且各位的酒都不少了,到外面去吹了风,不是顽的。"佚庐道:"果然。我方才在外面走动,很作了几个恶心,头脑子生疼,到了屋里,暖和多了。"(《二十年目睹之怪现状(中)》)

(92) 艾虎今日却放大了胆,可要喝酒了。从沙龙起,每人各敬一杯,全是杯到酒干,把个焦赤乐得拍手大笑道:"怨得史乡亲说贤侄酒量颇豪,果然,果然。来,来,来,咱爷儿两个单喝三杯。"(《七侠五义(下)》)

(93) 田氏也笑道:"人情喜新厌故,奴家此时虽无醋意,焉知将来不忽起醋心?只怕官人才脱了醋浸头巾,又戴上醋浸纱帽哩!"素臣大笑道:"果然,果然! 你看,如今做官的,那一个不惧内? 我之所以恒蹇诸生,未必不受你贤德之累也!"(《野叟曝言》)

(94) 鸣皋接了望远镜,看了一会,道:"二师伯,这不是营帐,却是个茅篷。四围不用旗帜刀枪,尽插皂幡,而且周围千门万户,望去愁云密布,杀气腾空,莫非炼什么妖法的阵图?"一尘子道:"果然,我也这般想。又是余七在那里不知搞什么鬼,待我今夜去探他一探。"(《七剑十三侠(上)》)

例(91)的对话中,"月卿"首先表达了自己的看法,即"外面风大,大家喝了不少酒,最好不用出去",听话人"佚庐"听到后马上使用了"果然"表明了赞同的立场,并用自己出去后身体感到不适的事实进一步加以说明和解释。例(92)和例(93)中,都是连用两个"果然"在语气上加以强调,伴随着一种笃定、自得的态度。例(94)中,说话人"一尘子"在使用"果然"后接着用到"我也这般想",两者的意义相似,根据语言经济性原则,前者的"果然"可以省略,但是说话人在这里却使用了"果然"。

此例中"果然"可以看成一个立场标记,意义虚化,省略后不影响人们对句子真值条件的理解,但是说话人使用后突出了自己的料定的语气和肯定的立场,在立场表达和语境调控上起到了重要作用,体现了交际的互动性。

4.2.2.4　立场标记"果然"的语用功能

关于"果然"的语用功能,不少学者在探讨语气副词的语用功能时都有所提及。张谊生(2000)认为,"评注性副词充当状语和表示语气并不是这些词的主要功能,它们的基本功能在于充当高层谓语进行主观评注,此后,他将语气副词的语用功能归纳为突出焦点、指明预设和限定指称";齐沪扬(2003)则从表述性、评价性以及强调性三个角度对语气副词的语用功能做了较为详细地阐述。以上分析都是从语气副词的角度进行的,笔者认为立场标记"果然"最为突出的语用功能则是表达说话人的立场,除此之外主要起到了指明预设和语篇衔接等语用功能。

4.2.2.4.1　立场表达功能

立场标记"果然"主要表达了说话人一种"料定"的主观态度,这种主观态度实际是对前文的内容和命题一种主观上的认同。先看例句:

(95) "阿琴,你这类小说看得多,你觉得这会是什么原因?""这个······一般都是因为找到了一个新的身体。也就是一个活人,自愿把力量提供给'幽灵'当作支柱······""果然,你也这么认为······"他们两个的交谈声在朱昔耳朵里越来越模糊了。(狼小京《怨灵》)

(96) "小茗!"小茗为什么在这里? 又为什么双手被捆绑地跪在地上? 不及细想,她便被博尔术不留情地抛甩到小茗身旁。疼痛让高玟大喊出声:"好痛!""果然,你们是认得的。"没理会高玟的哀叫,博尔术以锐利的眼神瞪着她们。(宛宛《不恋今人爱古人》)

(97) 小桂和客途互觑一眼,不约而同的心想,不知自己的师父坐化时,他们会是何等心情? 悲痛? 哀伤? 或者平静接受? 玄清道:"孩子,师父他老人家故意对你惩般严厉苛刻,其实是在为你化消命中之灾劫。虽然那时你只有七岁,但他深信,你有足够的资质,定能于十五岁之前参透此法。果然,你的确不负他所望。"(李凉《江湖风神帮》)

以上三例中的"果然"都可以去掉,不会影响到句子的真值条件。特别是第一个例子,从语言经济性原则出发,"果然"后已经出现了表示赞同的成分"你也这么认为",此处的"果然"可以去掉。但是说话人仍然使用了"果然",因此这里的"果然"更应该看成一个立场标记,主要用来表明说话人的一种"料定"的立场和态度,这种料定的态度就是对前文说话人观点的一种主观认同和心理确认。

4.2.2.4.2　指明预设功能

最初预设(presupposition)问题的讨论是由哲学家们引起的,他们主要关心的是语言与客观世界之间的关系。早在19世纪末,德国的弗莱格在其《论意义和指称》一文中最早提到了语言使用中的预设现象。到了20世纪50年代后,预设现象引起了语言学家的重视,涉及了语义和语用平面,后期大部分语言学家认为,合理的预设理论应该而且只能从语用的角度来建立。目前,预设已成为语用学中的中心论题之一(束定芳,1989)。季安锋(2015:9、79)指出,预设是人们交际过程中隐含在话语背后的双方都接受的知识,它是交际的显性条件,其涉及交际双方共同接受的背景信息,体现了说话人的命题态度。接着,他在书中还归纳出汉语中一些可以触发预设的副词,如确认类副词,包括"的确、果然、果真、固然、敢情"等。笔者认为,"果然"作为"预设触发语",能够指明预设,其指明的信息可以归纳为:某一事情或者事件已经发生,并且说话人对这一事件的发生在意料之中,伴随着一种主观笃定和自得的立场,因此"果然"其后的成分省略后使得"果然"可以单独使用,进一步发展为一个立场标记。例如:

(98) 长冈耸起眉,纳冈问道:"有什么问题吗?""她不适合。"高崎朔转身。"如果我这么说,你会放弃她另寻他人吗?""没见过她之前我是不会死心的。"高崎朔闻言叹息道:"果然。你想做的事旁人根本阻止不了。"(陈美琳《宝贝紫娃娃》)

(99) "如果你有心请我多喝点,为何不叫点下酒的东西?""好,你要叫什么下酒?""饭,当然是热辣辣香喷喷白雪云的饭。""好,没问题,我叫饭,给你下酒,但只要你多赏我一个脸。""要我多喝一窿?""非也。我只想多知道一件事情。""果然,"张炭一笑道,"你这人好奇心忒重,不问个水落石出不死心。"(温瑞安《温柔一刀》)

(100) 虽然心中已承认了程小蝶总捕头的身份,但还未见到她处事的魄力,站在一旁看热闹了。一个佩刀的班头,一横身,拦住去路,道:"姑娘看到了告牌吗?"果然,宫门之前,一块木牌,上面写着内宫禁地,未得宣召,不得擅入。(卧龙生《女捕头》)

以上例句中,去掉立场标记"果然"虽然不影响人们对句子真值条件的理解,但是"果然"的使用,让我们可以进一步捕捉到说话人在表达浅层意思的同时所附加一种预设信息,即,在我的内心已经预料到你的想法,并加以进一步的证实和笃定。如例(98),高崎对长冈"不会放弃她另寻他人"的想法已经有所预料,因此当高崎自己说出后,长冈不但没有惊讶,而且非常淡定。原因在于这是他本来就能够预料到的事,且有据可依。因此,当对方所说的内容证实了自己的观点后,言说者首先使用立场标记"果然"表达了自己的料定和确认,甚至还带有些许自得的意味,可看成是一个正面的强调。其他两例亦是如此。

4.2.2.4.3　传信评价功能

齐沪扬(2003)指出,语气副词在传信评价中起到重要作用。"传信"是一种重要的语法范畴。汉语中的传信表达涉及三个方面:说明信息的来源;评判事实真实与否;确定事件的可信程度。"果然"在传信评价中的作用,体现在它表示说话者对所发生的客观事实的一种确认,并进一步加以解释和说明。例如:

(101) 聂少商红着脸澄清,天晓得他在超级市场买这包东西时,费了多大的勇气来面对四面人方涌来的好奇目光。"那你买给谁?""我的同居人。"瞒不住他,聂少商只好坦诚。"你什么时候和女人同居了?""中秋节那天起。""<u>果然</u>。我就觉得你从中秋过后便有问题,突然跑来公司叫我买一大堆女人用品和奇怪的书籍,接着又翘了两个月的班,原来是养了个女人。"(绿痕《排队上天堂》)

(102) "是阿照吧?"杨耀忽然没头没脑地问道。"啊?"问得她莫名其妙的。他紧盯着她,几乎是逼视。"你喜欢的那个人,是阿照对吧?""你怎么突然……"这么突然! 江曼光的心椎了一下,不防又愣住,眼睛再度朦胧起来。"<u>果然</u>。看了你那表情,我就明白了。"(林如是《威尼斯情海》)

(103) 那一对夫妻简直是标准的"相敬如冰",不但一人睡一房,还连早晚最基本的请安问候都省了,他派去监视的下人们都告诉他,他们两个成亲后说过的话,用手指头数都可以数出只有几个字来,他大哥是存心避着大嫂。步熙然慢慢地应了一声,"<u>果然</u>,预料中的事。""我不管,你得去催催大哥。"(绿痕《还君一钵泪》)

例(101)中的立场标记"果然"不仅是对前文出现的内容"中秋节那天起"的确定和认同,更是引出了说话人对一事件得以发生的原因的一种解释。例(102)和例(103)说话人使用"果然"表示认同,但是没有进一步加以解释和说明,但是不妨碍立场标记"果然"的传信评价功能的凸显。

4.3　本 章 小 结

本节主要探讨的是由相关结构规约化而成的正面评价立场标记,此类立场标记意义的解读很难从其词汇构成来源直接得出,因此更具有研究价值。汉语中正面评价立场标记相对于负面评价立场标记来说，数量上要相对少些。

　　根据结构形式，可以将其分为结构式和词汇式两种。关于结构式立场标记，本节以"可不是"演变过程为例。虽然现代汉语共时平面上有两个"可不是"表达式，但所表达的意思恰恰是相反的。前一个相当于"可＋不是"，表示一种否定，"可"是用来加强语气的。而后一个"可不是"，其结构已经凝合，意义固化，表示"同意或者赞成别人的观点"。本节主要研究的是后者，笔者认为后者意义凝固，且不影响命题的真值意义，主要起到语篇构建和立场表达的功能，可看成一个表示"认同"义的立场标记。立场标记"可不是"形成的主要机制是语境吸收，因为"可不是"从宋代开始主要出现在反问句中，反问句的语用特征是肯定的形式表达否定的意思，否定的形式则表达肯定的意思。"可不是"最初的连用形式为"可"＋"不是"，"可"为副词，整个表达式表达否定的意思，当它的使用环境越来越倾向于出现在反问句中时，由于语境吸收，它的语义从否定转变为肯定。"可不是"的正面立场功能在具体语境中浮现出不同的语义等级，主要有：知晓、确认、赞同等。

　　词汇式立场标记以立场标记"难怪"为例加以说明。笔者认为，"难怪"从非句法结构发展为语气副词是词汇化，从语气副词发展为关联副词是语法化，从关联副词进一步发展为立场标记则是标记化。立场标记"难怪"的生成轨迹经历了行域—知域—言域，是句法功能弱化、语义虚化、表情功能和衔接功能凸显的语用化过程。影响立场标记"难怪"形成的主要动因是语用移情，语用移情实际是语用站位，即考虑到说话人是站在何种立场采用何种语言形式来表达自己的主观态度，从而缩短交际双方的心理过程。从外部动因角度来看，语用移情对于正面立场标记的形成有着较强的解释力。立场标记"难怪"形成的主要机制则是语用推理中的"回溯推理"机制。

第五章 汉语评价立场标记的框架结构和相关规律

评价在人类交际活动中扮演着非常重要的角色,同时也承担着互动行为是否可以顺利完成的重要责任。从语言本体出发,能够实现评价的手段不少,其中从立场标记角度来建立现代汉语评价价值的系统框架无疑是非常重要的。褒贬评价是以价值语义为核心,因此可以在量级上可以进行细化。陈景元(2016:31-32)指出,"评价不仅有质的区别,也有量的区别。"并将评价量级分为七个梯度:完全否定>否定>略加否定—中立(无所谓)—略加肯定<肯定<非常肯定。其中,中立(无所谓)是中性评价;左边是负向评价,分高、中、低三个量级;右边是正向评价,也分高、中、低三个量级。本书第三章和第四章,笔者从整体上建立现代汉语评价立场标记的框架系统,分别从负面评价和正面评价两个不同角度选取了具有代表性的负面立场标记和正面立场标记,对它们的生成轨迹、演变过程和在具体语境下立场功能的浮现都进行了细致研究。但是笔者并不满足于个案描写,需进一步挖掘其背后所隐藏的一些规律和共性的内容。语言使用的互动环境与立场标记形式和意义上的联系在哪里? 这些立场标记在形成过程中具有哪些共同的倾向和规律? 这些深层次的规律是否可以在一定程度上解释话语在互动中构建意义的本质特征? 这些都值得我们深入研究与探讨。

5.1 评价表达的重要手段——立场标记

本书的主要目的是构建汉语评价立场标记的研究框架。立场标记不同于话语标记之处在于前者更加侧重于从社会交际互动的角度去考察其在具体语境中的会话序列、语用功能以及说话人对所言信息的立场态度等。从语义角度出发,可将现代汉语评价立场标记分为两类:一类是对对方进行否定、贬抑或批评的,可看成负面评价立场标记;一类是对对方进行肯定、赞同或认可的,可看成正面评价立场标记。

第三章重点讨论了负面评价立场标记,这类评价立场一直受到汉语学界较多的关注。笔者从其内部驱动的机制出发,将其分为三类:第一类是在反问语境下通过语境吸收形成的立场标记,以"X 呢"式立场标记为例。笔者认为此类立场标记非常值得研究。首先从形式上看,是由 X 与互动语气词"呢"构成的,X 可以是双音节的,也可以是多音节的,在此笔者关注的是双音副词与语气词"呢"的组合,此类双音副词(如"岂止""哪能""何必""何苦")中都有包含疑问词,如"岂""哪""何",这类"X 呢"式立场标记主要出现在互动式口语对话体中。在会话序列中,主要处于应答语句中,以话轮之始的位置为主。究其原因是,在互动交际中,当交际一方完成了某种会话行为,交际的另一方最自然的回应一般是表明自己同意与否的观点,然后对这一观点进一步加以阐述和说明。"X 呢"式立场标记的整体语义特征是一种隐性否定,即从表层形式上看无否定形式标记但实际上隐含了否定语义。笔者认为,[+隐性否定]是"X 呢"式立场标记的核心语义,委婉地表达了言者不认可前面内容的主观态度,属于负面立场评价。"X 呢"式立场标记常用于地位较为平等的说话人之间,具有负面立场表达功能,其语义等级在具体的语境中有所不同,具体浮现为提醒、争辩、反驳和责怪四个方面,其中表示"责怪"义的规约化程度最高。"X 呢"式立场标记在演变过程中形成了自身独有的规律,特别是在形成机制上具有共性,这主要是由反问句式的语境吸收得来的。语境对话语的生成、理解和塑造起到了非常重要的作用,立场标记的规约化往往都离不开特定的、具体的语境。"X 呢"式结构继承了其原型结构在语境中吸收的反问否定意义,通过使用频率的不断增加,其"否定"语义不断固化成为其核心语义特征。同时,"X 呢"式立场标记也吸收了其所处语境中交际双方立场对立的意义,从而强化了其否定语义。在交互对话的语境中,说话人不认同对方的立场和观点,并在后续话语中进一步加以说明否定的理由,这就是"X 呢"式立场标记出现的典型语境。

第二类是内部包含否定成分,通过隐喻和语用推理形成的立场标记,以立场标记"少来"为例。现代汉语中,共时平面上出现了四种用法的"少来",但是笔者主要关注的是可以单独使用的"少来",其后可加上语气词"了、啦"等。"少来"主要表示主观否定,认为对方想要表达的想法与自己的主观预期不同,实际上隐含了说话人"不认同"的负面立场,可进一步看成立场标记。表否定评价的立场标记"少来"偏向用于应答行为,用来及时争抢话轮,表明说话人的否定立场,并引出相关论述。在会话行为的实施过程中,一种情况是说话人单方面邀请对方就某一话题进行评价,称之为单方评价;另一种情况是说话人先做出评价,听话人对说话人的观点再次进行否定评价,称之为双方评价。根据考察,立场标记"少来"所在的会话序列中,以双方评价模式占多数。立场标记"少来"在语篇中具有立场表达功能,由于受到交际双方关系、地位以及前后语言成分的影响,在具体语境中,其浮现出的"负面"语义强度有所不同,主要包括嗔怪、拒绝、反驳和斥责。在代动词"来"的并入以及"少"的隐喻与语用推理等因素的共同促进下,"少来"最终演变为一个表否定评价的立场标记,具有互动性。

　　第三类是内部包含"极小量"成分,通过隐喻和语用推理形成的立场标记,以立场标记"万一(呢)"为例。立场标记"万一(呢)"由双音词"万一"和语气词"呢"共现连用而形成,"万一"来源于"万分之一",是简缩后的词组形式。在形成之初,"万一"是由两个极性对立的数词构成,表示极小量"万分之一",属于数量范畴。这种极小量在使用之初多用于未然时态的句子中,从而具有了"未然"义,进一步发展为时间范畴。当"万一"表示在未然的、可能性极小的情况下提出假设时,"万一"的主观性色彩就更为浓烈,由时间范畴进一步过渡到表"推测"的主观范畴。"万一"的极小量更容易与否定范畴相匹配,因此当说话人对某个事件或观点表示"否定"时,实际上隐含了说话人"不赞成"的主观态度,这时"万一"更容易与互动语气词"呢"凝合后共同表达说话人的主观立场。另外,立场标记"万一(呢)"在互动交际中具备立场表达、话语追加、隐性否定和人际互动等语用功能。

　　第四章重点讨论了正面评价立场标记。正面评价立场标记从形式角度出发可以分为两种,一类是结构式,以"可不是"为例。现代汉语共时层面上有两个"可不是",虽然两者形式相同,但所表达的意思却大相径庭,甚至是相反的。前者相当于"可 + 不是",表示一种否定,"可"是用来加强语气的。而后一种"可不是"的结构已经凝合,意思也已经固化,表示"同意或者赞成别人的观点",一般用在对话中的应答部分,不影响命题的真值意义,主要起到立场表达功能,可看成一个立场标记。立场标记"可不是"的演变过程与"是"进一步语法化有密切关系,其形成机制主要是语境吸收,与前文提及的"X 呢"式立场标记相同的是,这一语法化过程都出现在反问语境中。立场标记"可不是"的肯定语义映射到语用上表现为其正面评价的立场表达倾向,即表达了说话人一种认同、肯定的主观立场。这种"认同、肯定"的主观立场根据前后言说对象地位的不同、语义等级的不同,可以再细分为赞同、确认、知晓等语用功能。

　　另一类是词汇式的立场标记,笔者以立场标记"难怪"为例。"难怪"的演变过程是比较复杂的,经历了词汇化、语法化和标记化的过程。"难怪"从非句法结构发展为语气副词是词汇化,从语气副词发展为关联副词是语法化,从关联副词进一步发展为话语标记则是标记化。可以看出,立场标记"难怪"的生成轨迹经历了"行域—知域—言域"的过程,是句法功能弱化、语义虚化、表情功能和衔接功能凸显的语用化过程。影响立场标记"难怪"形成的主要动因是语用移情,主要机制是语用推理中的"回溯推理"。立场标记"难怪"在话语中主要具有语篇构建、立场表达和人际互动等功能。

　　由此,基于互动语言学的视角,可构建汉语评价立场标记的整体框架如下:

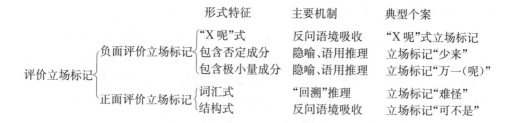

5.2 演变规律：规约化与意义解读

方梅、乐耀(2017：24)指出，"语用现象的规约化"(Conventionalizaiton)又叫习惯化。在言语交际过程中，有许多言语的意义不能从语言信息的字面含义即字表意义进行理解，而需要对言语信息从认知上进行判断、预测、推理，通过它的语用含义即"隐含义"来理解。从意义解读角度来看，一个立场标记或者构式规约化的过程就是其整体意义的解读难以从其组成部分的意义直接获得的过程。对于规约化较高的立场标记，它们的评价解读也会受到特定会话语境中各种因素的影响，具有一定的倾向性。下文将探讨评价立场标记所具有的一些共性特征。

5.2.1 话轮位置与互动序列

话轮位置与互动序列与前文提出的"位置敏感语法观"密切相关。此理论指出，语法浮现于特定的序列类型，并由特定的序列位置塑造而成。会话分析学者很早就指出，会话序列中不同位置分布对同一个表达式所具备的话语功能有所影响。此处的"分布"一般有两个含义，一是指话语结构在话轮中的位置，即是话轮之始、话轮之中、话轮之末、独立话轮或者没有特别的偏好；二是这一表达形式是用作开启行为，还是用作回应行为，即处于开启位置或者是回应位置，或者没有特别的偏好。

根据考察，笔者发现表示评价立场标记主要是处于会话中的回应位置，这样可以使听说双方能够在第一时间内建立起联系，对其前面的内容做出回应，为交互性的评价系统的建立提供前提条件。笔者以"X呢"式立场标记为例：

(1) 她很坚决，不为我所动，继续练，说："即便要冒中负的危险，我也不怕，我是豁出去了。""何必呢。何必呢。"我恳求她，"当初你不是也认为他是精神病胡说，为何到这会儿又认真起来？"(王朔《痴人》)

(2) "喂，李杰明，"那边又叫住他说，"王耀先是我的朋友，跟我外婆他们家也挺熟的，你们可别坑他哟！""哪能呢。就因为是你的朋友，我才替他吹了

半天。吕主任可是把他当成了香港的大亨，正准备跟他做两笔生意呢。"（谌容《梦中的河》）

以上用例中的"X 呢"式立场标记都是处于回应的位置，在第一时间说话人使用此类立场标记主要是用来回应对前面内容的看法，提出自己的观点，以便交际的顺利进行。

另外，话轮之始的位置同样也是体现了当前话轮与前面话轮之间的联系。笔者在前文对"X 呢"式立场标记和立场标记"少来"出现的话轮位置进行了统计，得出结论都是一致的。评价类立场标记以出现在话轮之始为主，其次是独立话轮，所占比例最高。用于话轮之始位置，在表达了说话人自身的态度和观点后，自然可以顺理成章地引出后面的评述内容，使其成为连接前后话轮的衔接成分，从而进一步发展成为一个立场标记。因此，根据上文的案例分析，可以得出，回应位置和话轮之始的位置是评价立场标记获得评价意义的重要会话序列环境。

5.2.2　语义等级

本书研究的评价立场标记从语义角度可以分为两大类，一类是正面评价，一类是负面评价。其实"正面"和"负面"这两个语义概念是比较笼统的，属于较大的语义概念。在具体的语境中，涉及交际双方的身份、地位，以及受到前后语言成分的影响，这种立场义的子系统可以从动态的语言活动中的浮现出来。正如相关学者对反问句进行研究概括出多样的反问句语义范畴类型，如陈振（1984）的"反驳、责难、责问"，赵雷（2000）的"表达不满、提醒、催促、抒情、说理、谦逊、客气"，刘娅琼、陶红印（2011）的"提醒、意外、反对和斥责"等。负面立场在具体语境也可以浮现出不同的等级，一般包括："嗔怪＜拒绝＜反驳＜斥责"，或者"提醒＜争辩＜反驳＜斥责"等，越靠右边其否定的程度越高。同样，正面评价立场在具体语境中一般可以浮现出"知晓＜醒悟＜确认＜赞同"，其中越靠右边其正面的等级越高，形成了较为完整的序列等级，构成一个语义连续统。

5.2.3　立场表达功能

语言中反映言者的立场和态度有多种语言手段，不同语言既有共性也有差异，其关键元素是主观性、评价和互动性。（Englebretson，2007；姚双云，2011）笔者认为，评价立场标记正是切中了以上三种要素，本身具有评价义和主观性，本书的研究更是在互动视角下对此类立场标记进行深入而细致地探讨。因此在谈及此类立场标记的语用功能时，笔者主要围绕着其立场表达功能和人际互动功能进行阐述，这两个语用功能也是将立场标记和话语标记分辨开来的重要因素。

无论是正面立场表达功能还是负面立场表达功能，都是在具体的语境中表达说话者的一种立场态度，是对听话人的行为、看法或者态度的一种积极或消极的评价，在肯定对方或者否定对方的同时进一步去确立自己的立场和态度。例如：

(3) "我知道郑荣轩年轻有为，你却没告诉我，他是那么英俊迷人。难怪端仪被甩了，会气得哇哇叫！"明雪说。"我根本没注意他的外表。"月柔心中有太多事。"<u>少来</u>。"明雪不相信："他为什么突然找你？是想追你，还是有关双月的事？"(言妍《带翼天使》)

(4) 安妮塔微红着脸："宋队长是专程来看韩奇的？"医疗小组的成员立即接口："<u>可不是呢</u>！宋队长刚才打败了魔女，现在体力还没全恢复就来看韩医生了。"(莫仁《星海争雄》)

例(3)中，说话人通过使用立场标记"少来"表达了自己不赞同的主观立场，属于负面立场功能。例(4)中，说话人则通过使用立场标记"可不是"表达了说话人一种赞同确认的主观立场，属于正面立场功能。

5.3　演变动因和机制

本书所研究的评价立场标记的演变机制主要与语境吸收和语用推理有关，一部分也受到语用隐喻机制的影响。

5.3.1　反问语境吸收和语用推理

索振羽(2004：21)指出，语境是人们运用自然语言进行言语交际的言语环境，包括上下文语境、情景语境(时间、地点、话题、场合等)和民族文化传统语境。言语双方在交际过程中信息的接受、反馈和重组都会受到语境的影响。立场表达作为一种重要的会话行为，语境自然也会对其产生重要的影响，而语境在立场构建中也会起到重要的作用。如果一个立场标记长期频繁地出现在某个语境中，就会受到该语境所赋予的临时语用义，在重复机制的促动下，这一立场标记就可能吸收来自语境的显著信息并最终规约化。正如胡清国(2017)所言，"语境吸收是词语所处的句法组合在使用的过程中发生变化，句式表达的语用义被吸收进来，从而使自身的语义和功能发生改变。"笔者认为，评价立场标记亦是如此。

在研究过程中，笔者发现很多时候语境吸收和语用推理是配合使用共同促进评价立场标记最终规约化的两个重要机制。"语用推理"也称"会话推理"，是指"话语交际中言谈事件的参与者根据特定的语用原则由一个语句的字面意义推导出会话含义的过程。"(吴福祥,2005)此处的会话含义便是话语的隐涵义(Implicature),即从一段话语中推导出来的意义。任何由语用推理实现的语言成分,其意义一般都经历了有特殊隐涵义到一般隐涵义再到凝固义的过程。沈家煊(2004)指出:"语用推理和推导义的固化是语义演变的主要机制。"

根据考察,本书中所研究的负面评价立场标记在其演变过程中主要出现在两种语境中,一种是反问语境,一种是否定语境。如"X 呢"式立场标记,此类立场标记在演变过程中以出现在反问语境中为主,由于对反问句的语境吸收,肯定形式的X 都可表示"不 X"之义。因此其负面立场的形成与反问句式的语境吸收有很大的关系。另外,如立场标记"少来"和"难说"一类,因为其本身带有否定成分"少"和"难",因此"少来"和"难说"在具体语境中不断吸收词内成分"少"和"难"的否定义,获得了可表"否定"的临时语用义,后经语用推理逐渐使该语用义演变为固有义并最终规约化。这种否定义本身隐含了说话人"不赞同"的负面立场,因此当语用推理过程成为惯性后,"少来"和"难说"的结构形式与言者的"负面立场"最终固化而无需任何的推导过程。

本书中表示正面评价立场标记的"可不是"也是主要出现在反问语境中。"可不是"在最初使用时,先是出现在一般疑问句中,后期其出现的语境越来越集中在反问句中,由于反问语境吸收,其否定形式表达肯定语义。由于重复机制,其使用频率越来越高,在语用推理下,表示"肯定"义的"可不是"最终凝固为表达说话人正面评价的一个立场标记。

5.3.2　隐喻

隐喻是指从一个概念投射到另一个概念,从一个具体的认知域映射到一个抽象认知域的过程,两个概念或认知域之间之所以可以发生映射关键在于二者之间具有"相似性"。Heine 等(1991:48)将人类的认知域排列成由具体到抽象的等级序列:"Person(人)＞Object(物)＞Process(进程)＞Space(空间)＞Time(时间)＞Quality(性质)",认知域之间映射的一般顺序为从左向右,即处于序列左侧的认知域可以向右侧认知域一步一步地隐喻扩展。

本书所研究的负面评价立场标记"少来""难说"以及"万一(呢)",其形成过程中主要与隐喻推理有很大关系。笔者以立场标记"万一(呢)"为例,"万一"在形成之初,表示极小量"万分之一",属于数量范畴,数量范畴是比较具体的范畴义,经过隐喻推理开始向抽象关系领域投射,即向表"未然"的时间范畴和表推测的主观范畴发展。可以看出,"万一(呢)"由数量范畴到时间范畴再到主观范畴的发展过程正是隐喻"投射"所起的作用,也体现了动态的语义观。

5.4　演　变　动　因

　　演变动因一般是来自语言系统之外的。根据考察,评价立场标记的演变动因都会涉及主观性和主观化,同时在动态交际过程中遵循着会话礼貌原则。

5.4.1　主观化和交互主观化

　　"主观性"(subjectivity)是指语言的这样一种特性,即在话语中多多少少总是含有说话人"自我"表现的成分。也就是说,说话人在说出一段话的同时也表明了自己对这段话的立场、态度和感情,从而在话语中留下自我的印记。"主观化"(subjectivisation)则是指语言为表达这种主观性而采用相应的结构形式或经历相应的演变过程。(沈家煊,2001)从以上定义可以看出,主观性是共时的概念,在具体语境中表达了说话人的主观态度和立场,而主观化是历时的概念,侧重于语言形式的演变过程。

　　本书所研究的评价立场标记都具有较高的主观性。如负面评价立场标记"何必呢",反问语境吸收和最终规约化的结果就是产生了主观性的表达成分。"何必"词汇化为一个评注性副词,虽然可以表述客观命题,但是主要用来表明说话人的主观态度,或者用来组织语篇结构。"何必"在连词化后进一步和互动语气词"呢"连用发展为一个立场标记,这主要由两个因素造成,即会话序列位置和情态功能。所谓情态功能指的是,"何必呢"除了表示"不必"义之外,还隐含了说话人对对方提出的观点、看法所持有的"不在乎、无所谓"的主观立场,具有主观性,同时"何必呢"还带有劝告的口气,希望对方也能赞成自己的观点,同时具有交互主观性。例如:

　　(5)我真想再给她几句,可是一下子想不起词儿来,只能气愤地把她的筷子拨了过去。孙悦见我们两人都有点恼了,就出来劝解道:"何必呢。大家都是难得碰面的。"这时候,我想起了我应该这样说:"笔杆子不如秤杆子。秤杆子永远金黄,不会变黑!"(戴厚英《人啊人》)

　　这里"何必呢"已经是一个立场标记,不仅表示"不必"之义,更是表明了说话人的"不在乎"的主观立场,同时具有主观性和交互主观性。

5.4.2　礼貌原则

　　本书所研究的负面评价立场标记的负面倾向基本都是以会话中的礼貌原则为

基础的。关于礼貌原则，Brown & Levinson(1978)将其定义为"用言语进行评价时，对坏的要说得委婉，对好的要说得充分"。Leech(1983)则指出礼貌原则包括尽力缩小自身同他人之间的分歧，即在交际中为减少与他人的对立而采用迂回的会话策略。这种迂回策略就是告诉大家，在对事物或个体进行评价时，如果是正面评价要说得清楚明白，如果是负面评价要说得简洁委婉，甚至不直接说明，而采用委婉的表达方式。

本书所研究的"X呢"式立场标记表达说话人的负面立场倾向，都是以会话中的礼貌原则为基础的。根据礼貌原则，如果是对对方的观点或看法进行负面评价时，说话人往往对负面意义的否定词或结构进行省略，而采用委婉的表达方式，从而起到面子缓和作用，照顾到对方面子，达到人际互动的作用。

本书所研究的正面评价立场标记所形成的动因主要和语用移情有关。一直以来，语用移情在语言演变的作用还没有得到充分地重视。其实，语用移情是在交际过程中说话人从对方的视角考虑问题，投射到语言学研究中，其作为一种言语策略，会影响到具体语言形式的演变和发展。也就是说，语用移情会促使说话人从具体语言形式的潜式系统中进行优化选择，并反复使用最终规约化，成为一个固定表达式保存下来。如本书所研究的正面评价立场标记"难怪"，说话人使用"难怪"表明了自己是站在听话人的立场来考虑问题，拉近了和听话人的距离，达到主观融合从而产生移情效应。正是这种移情效应强化了说话人的主观立场，使"难怪"的立场标记用法得以产生。

5.5　本　章　小　结

本章是在之前几章的个案研究的基础上更加深入地总结和归纳一些共性的规律。首先是从会话与语用的角度讨论了汉语中实现评价的重要手段——评价立场标记，并通过形式和意义相结合的方式尝试建立汉语评价系统框架，将其分为正面评价立场标记和负面评价立场标记，并通过具体语境中的语义等级浮现程度将其进行细分。其次总结了评价立场标记获得评价意义解读过程中的重要因素，其中包括语境中的回应位置——话轮位置与互动序列，基于认知机制的条件——语用推理与隐喻，上下文出现的语境影响——语境吸收等。最后从语言系统之外的角度归纳了此类立场标记形成的重要动因，影响评价立场标记的主要动因有主观化和交互主观化、会话中的礼貌原则和语用移情等。

参 考 文 献

北京大学中文系 1955、1957 级语言班编　1982　《现代汉语虚词释例》，商务印书馆。

曹秀玲　2010　从主谓结构到话语标记——"我/你 V"的语法化及相关问题，《汉语学习》第
　　5 期。

曹秀玲、蒋兴　2015　汉语"这/那-"系认同类话语标记考察——兼及"这/那-"系话语标记的不
　　对称，《当代修辞学》第 5 期。

曹秀玲、魏雪　2021　从感官动词到推断元话语标记，《语文研究》第 2 期。

曹秀玲、辛慧　2012　话语标记的多源性与非排他性——以汉语超预期话语标记为例，《语言科
　　学》，2012 年第 3 期。

陈宝琴　2004　汉语词汇的生成与演化，四川大学博士学位论文。

陈昌来　2011　由代动词"来"构成的述宾短语及数量词的功能，《河南大学学报(社会科学版)》
　　第 1 期。

陈昌来　2021　《汉语"X 来"式双音词词汇化及语法化研究》，商务印书馆。

陈昌来、张长永　2010　"从来"的词汇化历程及其指称化机制，《上海师范大学学报(哲学社会
　　科学版)》第 3 期。

陈景元　2016　《基于网络热点事件的汉语评价研究》，中国社会科学出版社。

陈景元　2019　《现代汉语评价表达论》，中国社会科学出版社。

陈君均　2010　话语标记语研究综述，《福建省外国语文学会 2010 年年会论文集》。

陈 林　2016　现代汉语"难怪"的多角度考察，《太原城市职业技术学院学报》第 2 期。

陈 振　1984　反问句和祈使句——语言美琐谈，《当代修辞学》第 1 期。

储泽祥　2003　"一个人"的固化及其固化过程，《华中师范大学学报(人文社会科学版)》第 4 期。

储泽祥、程书秋　2008　制约"想 NV"格式成立的若干因素——兼谈与其相关格式"想 VN"的
　　比较，《汉语学习》第 1 期。

戴维·克里斯特尔编，沈家煊译　2000　《现代语言学词典》，商务印书馆。

邓 瑶　2009　"万一"的功能差异及其演变动因，《宁夏大学学报(人文社会科学版)》第 6 期。

丁 艺　2021　反预期话语标记"X 承(成)想"研究，上海师范大学硕士学位论文。

董秀芳　2002a　《词汇化：汉语双音词的衍生和发展》，四川民族出版社。

董秀芳　2002b　论句法结构的词汇化，《语言研究》第 3 期。

董秀芳　2004　"是"的进一步语法化：由虚词到句内成分，《当代语言学》第 1 期。

董秀芳　2007　词汇化与话语标记的形成，《世界汉语教学》第 1 期。

董秀芳　2011　《词汇化：汉语双音词的衍生和发展》(修订本)，商务印书馆。

范 宁　2010　"何 X"的词汇化研究，黑龙江大学硕士研究生学位论文。

方 迪　2018　互动视角下的汉语口语评价表达研究，中国社会科学院研究生院博士学位论文。

方 迪　2019　"这话说的"的负面评价立场表达功能及其形成动因，《语言教学与研究》第 6 期。

方迪、张文贤　2020　"这样""这样啊""这样吧"的话语功能，《汉语学报》第 4 期。

方环海、刘继磊　2005　"完了"的虚化与性质,《语言科学》第 4 期。

方环海、刘继磊、赵鸣　2007　"X 了"的虚化问题——以"完了"的个案研究为例,《汉语学习》第 3 期。

方　梅　2000　自然口语中弱化连词的话语标记功能,《中国语文》第 5 期。

方　梅　2005　认证义谓宾动词的虚化——从谓宾动词到语用标记,《中国语文》第 6 期。

方　梅　2016a　北京话语气词变异形式的互动功能——以"呀、哪、啦"为例,《语言教学研究》第 2 期。

方　梅　2016b　《再说"呢"——从互动角度看语气词的性质与功能》,《语法研究和探索(十八)》,商务印书馆。

方　梅　2017　负面评价表达的规约化,《中国语文》第 2 期。

方梅、乐耀　2017　《规约化与立场表达》,北京大学出版社。

方梅、李先银、谢心阳　2018　互动语言学与互动视角的汉语研究,《语言教学与研究》第 3 期。

冯胜利　1996　论汉语的"韵律词",《中国社会科学》第 1 期。

冯胜利　1997　《汉语的韵律、词法和句法》,北京大学出版社。

冯胜利　2000　"写毛笔"与韵律促发的动词并入,《语言教学与研究》第 1 期。

高增霞　2004a　自然口语中的话语标记"回头",《中国社会科学院研究生院学报》第 1 期。

高增霞　2004b　自然口语中的话语标记"完了",《语文研究》第 4 期。

郭风岚　2009　北京话话语标记"这个"、"那个"的社会语言学分析,《中国语文》第 5 期。

郭继懋　1997　反问句的语义语用特点,《中国语文》第 2 期。

郭锡良　1980　汉语第三人称代词的起源和发展,《语言学论丛(第 6 辑)》,商务印书馆。

郝　玲　2015　现代汉语中的"立场"表达刍议,《现代语文(语言研究版)》第 3 期。

郝　玲　2020　《互动视角下现代汉语立场表达研究》,中国社会科学出版社。

何凤至　2014　说"少来",《三峡论坛(三峡文学·理论版)》第 1 期。

何自然　1991　言语交际中的语用移情,《外语教学与研究》第 4 期。

何自然　1994　我国近年来的语用学研究,《现代外语》第 4 期。

何自然、冉永平　1999　话语联系语的语用制约性,《外语教学与研究》第 3 期。

何自然、冉永平、莫爱屏、王寅　2006　《认知语用学——言语交际的认知研究》,上海外语教育出版社。

胡德明　2010　从反问句生成机制看反问句否定语义的来源,《语言研究》第 3 期。

胡清国　2017　现代汉语评价构式"NP 一个",《汉语学报》第 1 期。

胡习之　2017　构式"你才 X 呢"再探,《当代修辞学》第 6 期。

胡孝斌　1999　反问句的话语制约因素,《世界汉语教学》第 1 期。

胡元江、陈晓雨　2018　基于语料库的美国总统演讲语篇外壳名词研究——以特朗普就职前后演讲为例,《外国语文》第 4 期。

华　莎　2003　名词并入与述宾式离合词,《解放军外国语学院学报》第 4 期。

黄大网　2001a　话语标记研究综述,《福建外语》第 1 期。

黄大网　2001b　《语用学》杂志话语标记专辑(1998)介绍,《当代语言学》第 2 期。

侯学超　1998　《现代汉语虚词词典》,北京大学出版社。

季安锋　2015　《汉语预设触发语研究》,社会科学文献出版社。

姜宝英　2008　具有规劝义或提议义的"何 X"的历时考察,北京大学硕士研究生学位论文。

姜　峰　2016　外壳名词的立场建构与人际功能,《现代外语》第 4 期。

江蓝生　2017　《汉语语法化的诱因与途径》,学林出版社。

孔庆成　1998　否定修辞作用的语用机制,《语言文字应用》第 1 期。

李成军　2005　现代汉语感叹句研究,武汉大学博士学位论文。

李广瑜　2010　跨层结构"恨不得"的词汇化及其他,《古汉语研究》第 1 期。

李健雪　2004　话语标记语与元语用策略关系研究,《外语教学》第 6 期。

李玖、王建华　2019　学术写作中的立场表达研究范式述评,《外语教育(年刊)》。

李军华、李长华　2010　"呢"字句的情态类型与语气词"呢"的情态意义考察,《语言研究》第
　　3 期。

李　娜　2020　隐性否定"X 试试"的演变路径和形成机制,《汉字文化》第 21 期。

李向华　2013　汉语语用移情研究综述,《理论月刊》第 12 期。

李小军　2011　表负面评价的语用省略——以构式"(X)真是(的)"和"这/那个 + 人名"为例,
　　《当代修辞学》第 4 期。

李小军　2014　构式"好你个 + X"的负面评价功能及成因,《北方论丛》第 2 期。

李秀明　2006　汉语元话语标记研究,复旦大学博士学位论文。

李宗江　2004　说"完了",《汉语学习》第 5 期。

李宗江　2006　"回头"的词汇化与主观性,《语言科学》第 4 期。

李宗江　2009　"看你"类话语标记分析,《语言科学》第 3 期。

李宗江　2011　"关键是"的篇章功能及其词汇化倾向,《语文研究》第 2 期。

李宗江　2017　《语法化与汉语实词虚化》,学林出版社。

李佐文　2003　话语联系语对连贯关系的标示,《山东外语教学》第 1 期。

梁凤娟　2019　国内外立场表述研究前沿,《外国语言文学》第 3 期。

梁凯、谢晓明　2021　话语标记"又来了"的立场表达功能及其形成,《湖北大学学报(哲学社会
　　科学版)》第 3 期。

刘红妮　2009　汉语非句法结构的词汇化,上海师范大学博士学位论文。

刘红妮　2019　《汉语跨层结构的词汇化研究》,学林出版社。

刘　慧　2009　现代汉语评价系统研究,暨南大学博士学位论文。

刘　慧　2011a　现代汉语评价系统研究述略,《汉语学习》第 4 期。

刘　慧　2011b　现代汉语评价系统刍论,《华文教学与研究》第 4 期。

刘坚、曹广顺、吴福祥　1995　论诱发汉语词汇语法化的若干因素,《中国语文》第 3 期。

刘坚、江蓝生、白维国、曹广顺　1992　《近代汉语虚词研究》,语文出版社。

刘丽艳　2005a　口语交际中的话语标记,浙江大学博士学位论文。

刘丽艳　2005b　作为话语标记语的"不是",《语言教学与研究》第 6 期。

刘丽艳　2009　作为话语标记的"这个"和"那个",《语言教学与研究》第 1 期。

刘丽艳　2011　《汉语话语标记研究》,北京语言大学出版社。

刘润霞、任培红　2012　解析奥巴马开学演讲中态度立场的表达,《湖北广播电视大学学报》第
　　2 期。

刘娅琼　2004　试析反问句的附加义,《修辞学习》第 3 期。

刘娅琼、陶红印　2011　汉语谈话中否定反问句的事理立场功能及类型,《中国语文》第 2 期。

柳士镇　2019　《魏晋南北朝历史语法》(修订本),商务印书馆。

柳淑芬　2017　中英新闻标题中的话语立场标记语特征探析,《湖南工程学院学报(社会科学版)》第 4 期。

柳淑芬　2017　话语中的立场：研究现状及发展路径,《当代修辞学》第 5 期。

陆俭明　2004　"句式语法"理论与汉语研究,《中国语文》第 5 期。

陆　亚　2021　网络新闻标题中的否定评价立场表达,《齐鲁师范学院学报》第 2 期。

罗彬彬　2020　"说"类委婉性话语标记研究,上海师范大学硕士学位论文。

罗桂花　2013　法庭互动中的立场研究,华中师范大学博士学位论文。

罗桂花　2014　立场概念及其研究模式的发展,《当代修辞学》第 1 期。

罗荣华　2007　"万一"的语法化,《宜春学院学报》第 1 期。

罗耀华、孙敏　2010　"何必/何苦"的词汇化与语法,《汉语学习》第 2 期。

吕　佩　2017　现代汉语中"(你)少来 X"的构式化及其"来"的去范畴化,《对外汉语研究》第 2 期。

吕叔湘　1945/1990　《中国文法要略》,商务印书馆。

吕叔湘　1999　《现代汉语八百词》(增订本),商务印书馆。

吕为光　2011　责怪义话语标记"我说什么来着",《汉语学报》第 3 期。

马　倩　2018　习近平 2018 年博鳌亚洲论坛主旨演讲分析——"立场三角"理论和评价理论融合视角,《北京化工大学学报(社会科学版)》第 4 期。

马庆株　1998　《汉语语义语法范畴问题》,北京语言文化大学出版社。

聂俊伟　2012　现代汉语顿悟类语气副词研究,河南大学硕士学位论文。

聂小丽　2019　认识立场标记"不是"及其来源,《绥化学院学报》第 12 期。

彭　睿　2016　语法化·历时构式语法·构式化——历时形态句法理论方法的演进,《语言教学与研究》第 2 期。

齐沪扬　2002　论现代汉语语气系统的建立,《汉语学习》第 2 期。

齐沪扬　2003　语气副词的语用功能分析,《语言教学与研究》第 1 期。

钱家骏、穆从军　2017　中外学者学术论文写作立场表达强度和方式比较——基于自建语料库的汉语学术语篇引言英译研究,《解放军外国语学院学报》第 5 期。

屈承熹　2006　《汉语篇章语法》(潘文国等译),北京语言大学出版社。

冉永平　2000　话语标记语的语用学研究综述,《外语研究》第 4 期。

沈家煊　1994　"语法化"研究综观,《外语教学与研究》第 4 期。

沈家煊　1998　实词虚化的机制——《演化而来的语法》评介,《当代语言学》第 3 期。

沈家煊　2001　语言的"主观性"和"主观化",《外语教学与研究》第 4 期。

沈家煊　2004　语用原则、语用推理和语义演变,《外语教学与研究》第 4 期。

沈家煊、吴福祥、马贝加主编　2005　《语法化与语法研究(二)》,商务印书馆。

沈家煊、吴福祥、马贝加主编　2007　《语法化与语法研究(三)》,商务印书馆。

施仁娟　2014　基于元话语能力的汉语话语标记研究,华东师范大学博士学位论文。

石毓智　2001　《肯定和否定对称与不对称》,北京语言文化大学出版社。

石毓智　2011　《语法化的动因与机制》,北京大学出版社。

石毓智、李讷　2001　《汉语语法化的历程——形态句法发展的动因和机制》,北京大学出版社。

史金生　2003　语气副词的范围、类别和共现顺序,《中国语文》第 1 期。

史金生　2017　《语法化的语用机制与汉语虚词研究》,学林出版社。

随利芳　2007　语法标记"说"和"道",《解放军外国语学院学报》第 4 期。

孙菊芬　2007　副词"难道"的形成,《语言教学与研究》第 4 期。

孙 磊　2013　话语标记语"可不是"的话语功能研究,河北师范大学硕士学位论文。

孙利萍　2011　答语标记"可不是"的词汇化及其形成机制,《宁夏大学学报(人文社会科学版)》第 1 期。

束定芳　1989　关于预设理论的几个问题,《外语研究》第 3 期。

索振羽　2004　《语用学教程》,北京大学出版社。

太田辰夫　1987　《中国语历史文法》,蒋绍愚、徐昌华译,北京大学出版社。

汤礼新　2020　汉语"X 看/见/瞧"类话语标记研究,华侨大学硕士学位论文。

汤廷池　1991　汉语语法的"并入现象"(上),《清华学报(台湾)》第 1 期。

汤廷池　1991　汉语语法的"并入现象"(下),《清华学报(台湾)》第 2 期。

唐雪凝、张金圈　2011　表感叹性评价的"这 NV 的"构式分析,《语言科学》第 2 期。

唐作藩　1980　第三人称代词"他"的起源年代,《语言学论丛(第 6 辑)》,商务印书馆。

陶红印　2003　从语音、语法和话语特征看"知道"格式在谈话中的演化,《中国语文》第 4 期。

田 婷　2017　自然会话中"其实"的话语标记功能及言者知识立场,《汉语学习》第 4 期。

汪维辉　2003　汉语"说类词"的历时演变与共时分布,《中国语文》第 4 期。

王慧兰　2005　双音节连词词汇化过程中的代词并入现象考察,解放军外国语学院硕士学位论文。

王晶晶、姜峰　2019　中国理工科博士生学术论文写作立场建构研究,《外语界》第 3 期。

王 力　1958　《汉语史稿》,中华书局。

王 蕾　2019　现代汉语隐性否定现象研究述评,《现代语文》第 10 期。

王秀玲　2013　语气副词"难说"的形成及其方言分布,《汉语史研究集刊》。

王幼华　2011　"真是的"的语义倾向及其演变进程,《语言教学与研究》第 1 期。

王 雨　2021　现代汉语推测性话语标记研究,扬州大学硕士学位论文。

王 悦　2019　互动视角下负面态度立场标记"还说呢"研究,《广州广播电视大学学报》第 2 期。

王振华　2004　法庭交叉质询中的人际关系——系统功能语言学"情态"视角,《外语学刊》第 3 期。

王正元　2006　话语标记语意义的语用分析,《外语学刊》第 2 期。

魏培泉　1990　汉魏六朝称代词研究,台湾大学中国文学研究所博士论文。

文 旭　1998　《语法化》简介,《当代语言学》第 3 期。

吴福祥　2004　近年来语法化研究的进展,《外语教学与研究》第 1 期。

吴福祥　2005　汉语语法化研究的当前课题,《语言科学》第 2 期。

吴亚欣、于国栋　2003　话语标记语的元语用分析,《外语教学》第 4 期。

肖奚强　2003　非典型模态副词句法语义分析,《语言研究》第 4 期。

肖治野、沈家煊　2009　"了₂"的行、知、言三域,《中国语文》第 6 期。

谢世坚　2009　话语标记语研究综述,《山东外语教学》第 5 期。

谢晓明　2010　"难怪"因果句,《语言研究》第 2 期。

谢晓明、左双菊　2009　"难怪"的语法化,《古汉语研究》第 2 期。

谢晓明、梁凯　2021　否定话语标记"谁说的"的功能表达与意义浮现,《湖南科技大学学报(社会科学版)》第 2 期。

邢欣 、金允经、郭安 2013 起始标记语的元话语功能探讨,《当代修辞学》第 6 期。

徐晶凝 2012 认识立场标记"我觉得"初探,《世界汉语教学》第 2 期。

徐赳赳 2006 关于元话语的范围和分类,《当代语言学》第 4 期。

许家金、李潇辰 2014 基于 BNC 语料库的男性女性家庭角色话语建构研究,《解放军外国语学院学报》第 1 期。

薛 燕 2013 副词"难怪"的语用特点,《语文学刊》第 1 期。

闫亚平 2022 "干吗"的负面立场标记演变,《汉语学习》第 2 期。

杨伯峻 1981 《古汉语虚词》,中华书局。

杨德锋 2009 语气副词作状语的位置,《汉语学习》第 5 期。

杨黎黎 2017 两种不同的词汇构式化的结果——以"免 X"和"难 X"为例,《语言教学与研究》第 2 期。

杨荣祥 2001 汉语副词形成刍议——以近代汉语为例,《语言学论丛(第 23 辑)》,商务印书馆。

杨玉玲 2004 说说"还 NP 呢"句式,《修辞学习》第 6 期。

姚双云 2011 《话语中的立场表达:主观性、评价与互动》评介,《外语教学与研究》第 1 期。

姚双云 2012 汉语条件句的会话功能,《汉语学习》第 3 期。

姚双云 2018 口语中的连词居尾与非完整复句,《汉语学报》第 2 期。

姚双云、姚小鹏 2012 自然口语中"就是"话语标记功能的浮现,《世界汉语教学》第 1 期。

姚占龙 2014 祈使性否定副词"少"的产生及其语用解释,《语文研究》第 1 期。

殷树林 2009 《现代汉语反问句研究》,黑龙江大学出版社。

殷树林 2011 也说"完了",《世界汉语教学》第 3 期。

尹世超 2004 说否定性答句,《中国语文》第 1 期。

尹世超 2008 应答句式说略,《汉语学习》第 2 期。

于宝娟 2009 论话语标记语"这不"、"可不",《修辞学习》第 4 期。

余光武、满在江 2008 连词"完了"来源新解——兼谈"完了"与"然后"的异同,《语言教学与研究》第 1 期。

于国栋、吴亚欣 2003 话语标记语的顺应性解释,《解放军外国语学院学报》第 1 期。

于海飞 2006 话轮转换中的话语标记研究,山东大学博士学位论文。

于天昱 2018 《话语分析视角下的现代汉语反问句研究》,知识产权出版社。

袁毓林 2007 论"都"的隐性否定和极项允准功能,《中国语文》第 4 期。

易正中、杨少芬 2009 "难怪"的词汇化,《湖南人文科技学院学报》第 4 期。

尹世超、孙杰 2009 "那"字应答句,《语言文字应用》第 1 期。

乐 耀 2006 从语用的认知分析看"不是 + NP + VP, + 后续句",《暨南大学华文学院学报》第 3 期。

乐 耀 2011 从"不是我说你"类话语标记的形成看会话中主观性范畴与语用原则的互动,《世界汉语教学》第 1 期。

乐 耀 2016a 从互动交际的视角看让步类同语式评价立场的表达,《中国语文》第 1 期。

乐 耀 2016b 《评注性副词"倒是"的用法及其在话语中的表现》,第二届主观化理论与语法研究学术研讨会,渤海大学。

曾立英　2005　"我看"与"你看"的主观化,《汉语学习》第 2 期。

张宝林　1996　《连词的再分类》,胡明扬主编《词类问题考察》,北京语言文化大学出版社。

张　斌　2001　《现代汉语虚词词典》,商务印书馆。

章广硕　2020　汉语断言类话语标记及其对外汉语教学研究,华中师范大学硕士学位论文。

张继东、夏梦茹　2015　性别语言立场标记语的使用特征——一项基于英国国家口语语料库的研究,《外语研究》第 6 期。

张金圈　2010　表责怨功能的"(S)也不 VP"句,《兰州学刊》第 7 期。

张金圈、唐雪凝　2013　汉语中的认识立场标记"要我说"及相关格式,《世界汉语教学》第 2 期。

张金枝　2014　基于语料库的中外学术论文立场副词对比研究,《外语教育(年刊)》。

张莉莉　2019　访谈话语中的立场表达研究,华中师范大学硕士学位论文。

张　亮　2017　"少来"的表达功能及其副词化与标记化,《语言学论丛》第 2 期。

张舒雨　2016　现代汉语领悟类语气副词研究,南京师范大学硕士学位论文。

张田田　2011　"可不是"的固化历程及相关问题,《求索》第 10 期。

张田田　2012　句法结构"管他"的连词化与标记化,《古汉语研究》第 1 期。

张田田　2013　试论"何必呢"的标记化——兼论非句法结构"何必"的词汇化,《语言科学》第 3 期。

张田田　2017　《汉语代词并入现象研究》,学林出版社。

张田田、陈昌来　2021　试论表否定义"X 呢"式立场标记,《新疆大学学报(哲学·人文社会科学版)》第 3 期。

张先亮　2011　"可不是"的语篇功能及词汇化,《世界汉语教学》第 2 期。

张雪平　2009　"万一"的语篇分析,《世界汉语教学》第 1 期。

张雪平　2014　"一旦"与"万一",《世界汉语教学》第 2 期。

张谊生　2000　《现代汉语副词研究》,学林出版社。

张谊生　2002　"就是"的篇章衔接功能及其语法化历程,《世界汉语教学》第 3 期。

张谊生　2012　试论叠加、强化的方式、类型与后果,《中国语文》第 2 期。

张谊生　2014　《现代汉语副词研究》(修订本),商务印书馆。

赵　雷　2000　谈反问句教学,《语言教学与研究》第 3 期。

赵元任　1979　《汉语口语语法》,吕叔湘译,商务印书馆。

郑娟曼、邵敬敏　2008　"责怪"义标记格式"都是 + NP",《汉语学习》第 5 期。

郑娟曼、张先亮　2009　"责怪"式话语标记"你看你",《世界汉语教学》第 2 期。

郑友阶、罗耀华　2013　自然口语中"这/那"的话语立场表达研究,《语言教学与研究》第 1 期。

中国社会科学院语言研究所词典编辑室　2019　《现代汉语词典》(第 7 版),商务印书馆。

朱红强　2018　电视新闻报道中立场表达的图文关系,《外国语文研究(辑刊)》第 2 期。

朱　健　2021　现代汉语坦言类话语标记研究,扬州大学硕士学位论文。

朱景松　2007　《现代汉语虚词词典》,语文出版社。

朱　军　2014　反问格式"X 什么 X"的立场表达功能考察,《汉语学习》第 3 期。

朱　军　2020　回声话语的认同功能——基于互动与立场表达的视角,《语言教学与研究》第 4 期。

朱军、卢芸蓉　2019　代动词"来"的互动性与"少来"/"又来了"的构式化,《语言学论丛》第 2 期。

祝敏彻　1991　《〈朱子语类〉句法研究》，长江文艺出版社。

宗守云　2016　"还 X 呢"构式：行域贬抑、知域否定、言域嗔怪，《语言教学与研究》第 4 期。

邹韶华　2001　《语用频率效应研究》，商务印书馆。

Adele E. Goldberg. 2006 *Constructions at Work: The Nature of Generalization in Language*. Oxford: Oxford University Press.

Baker, Mark C. 1988 *Incorporation: A Theory of Grammatical Function changing*. Chicago: The University of Chicago Press.

Bednarek, Monika (ed.) 2008a Evaluation in Text Types. *Special Issue of Functions of Language* 15.1. Amsterdam: John Benjamins.

Bednarek, Monika. 2008b *Emotion Talk across Corpora*. New York: Palgrave Macmillan.

Bednarek, Monika. 2009a "Dimensions of evaluation. Cognitive and linguistic perspectives." *Pragmatics and Cognition* 17 (1).

Bednarek, Monika. 2009b. Emotion talk and emotional talk: Cognitive and discursive perspectives. In Hanna Pishwa (ed.). *Language and Social Cognition. Expression of the Social Mind*. Berlin: Mouton de Gruyter.

Berman, R., A. Ragnarsdóttir H and S. Stromqvist 2002 Discourse stance: Written and spoken language. *Written Language & Literacy*, 5 (2).

Biber, Douglas and Edward Finegan 1988 Adverbial stance types in English. *Discourse Processes* 11.

Biber, Douglas and Edward Finegan 1989 Styles of stance in English: Lexical and grammatical marking of evidentiality and affect. *Text* 9 (1).

Biber, Douglas, Stig Johansson, Geoffrey Leech, Susan Conrad and Eward Finegan 1999 *Longman Grammar of Spoken and Written English*. London: Longman.

Blackmore, D. 1992 *Understanding Utterances*. Oxford: Blackwell.

Blackmore, D. 2002 *Relevance and Linguistic Meaning—The Semantics and Pragmatics of Discourse Markers*. Cambridge: Cambridge University Press.

Brown, Penelope and Stephen Levinson 1978 Universals in language usage: Politeness phenomena. In Esther N. Goody (ed.), *Questions and Politeness: Strategies in Social Interaction*. Cambridge: Cambridge University Press.

Conrad, Susan and Douglas Biber. 2000. Adverbial marking of stance in speech and writing. In Susan Hunston and Geoff Thompson (eds.), *Evaluation in Text. Authorial Stance and the construction of Discourse*. Oxford: Oxford University Press.

Du Bois, J. W. 2007 The stance triangle. In Robert Englebretson (ed.), *Stancetaking in Discourse: Subjectivity, evaluation, interaction*, Amsterdam/Philadelphia: John Benjamins.

Englebretson, R. 2007 *Stancetaking in Discourse: Subjectivity, Evaluation, Interaction*. Amsterdam /Philadelphia: John Benjamins Publishing Company.

Fraser, B. 1990 An Approach to Discourse Markers. *Journal of Pragmatics* 14.

Fraser, B. 1996 Pragmatic Markers. *Pragmatics* 6.2.

Fraser, B. 1999 What Are Discourse Markers. *Journal of Pragmatics* 31.

Gardner, R. 2001 *When Listeners Talk: Response Tokens and Listener Stance*. Amsterdam/

Philadelphia: John Benjamins.

Goodwin. 1981 *Conversational Organization: Interaction Between Speakers and Hearers.* New York: Academic Press.

Halliday, Michael A. K. 1985/1994 *An Introduction to Functional Grammar.* London: Eward Arnold.

Heine, Bernd, Ulrike Claudi and Friederike Hünnemeyer 1991 *Grammaticalization: A Conceptual Framework.* Chicago: University of Chicago Press.

Hopper, Paul J. and Traugott Elizabeth C. 2003 *Grammaticalization.* Cambridge: Cambridge University Press.

Hunston, S. 2008 The evaluation of status in multi-modal texts. *Functions of Language* 15 (1).

Hunston, S. 2011 *Corpus Approaches to Evaluation: Phraseology and Evaluative Language.* New York/London: Taylor & Francis.

Hunston, S. & G. Thompson 2000 *Evaluation in Text: Authorial Stance and the Construction of Discourse.* Oxford: Oxford University Press.

Hunston, Susan and Thompson, Geoff (eds.) 2000 *Evaluation in Text: Authorial Stance and the Construction of Discourse.* Oxford: Oxford University Press.

Hyland, K. 2005a Stance and engagement: A model of interaction in academic discourse. *Discourse Studies*, 7 (2).

Hyland, K. 2005b *Metadiscourse: Exploring interaction in Writing.* London and New York: Continuum.

Jaffe, A. 2009 *Stance: Sociolinguistic Perspectives.* Oxford: Oxford University Press.

Keisanen, T. 2006 *Patterns of Stance Taking: Negative Yes/no Interrogatives and Tag Questions in American English Conversation.* Oulu: Oulu University Press.

Kurylowicz, Jerzy 1975 [1965] The evolution of grammatical categories. *Esquisses linguistiques* (2).

Labov, William and David Fanshrel 1977 *Therapeutic Discourse: Psychotherapy as Conversation.* Academic Press.

Lerner, Gene H. 1996 On the "semi-permeable" character of grammatical units in conversation: conditional entry into the turn space of another speaker. In Elinor Ochs, Emanuel A. Schegloff, and Sandra A. Thompson (eds.), *Interaction and Grammar.* Cambridge: Cambridge University Press.

Leech, Geoffrey N. 1983 *Principles of Pragmatics.* London: Longman.

Lyons, J. 1977 *Semantics (V.2).* Cambridge: Cambridge University Press.

Mushin, I. 2001 *Evidentiality and Epistemological Stance: Narrative Retelling.* Amsterdam/ Philadelphia: John Benjamins.

Martin, J. R. 2000. Beyond exchange: APPRAISAL systems in English. In Thompson, Geoff and Susan Hunston (eds.), *Evaluation in Text: Authorial Stance and the Construction of Discourse.* New York: Oxford University Press.

Macken-Horarik, Mary and Martin, J. R. (eds.) 2003 Negotiating Heteroglossia: Social Perspectives on Evaluation. Special Issue, *Text* (23).

Martin, J. R. and White, P. R. R. 2005 *The Language of Evaluation. Appraisal in English.*

New York: Palgrave Macmillan.

Merinhof, U. 1994. Double talk in news broadcasts: A cross - cultural comparison of pictures and texts in television news[A]. In D. Graddol & O. Boyd - Barrett (eds.). Media Texts, Authors and Readers: A Reader[C]. Clevedon: Multilingual Matters Ltd.

Rauniomaa, M. 2008 *Recovery through Repetition: Returning to Prior Talk and Taking a Stance in American-English and Finnish Conversations*. Oulu: Oulun yliopisto.

Redeker, G. 1991 Review Article: Linguistic markers of discourse structure. *Linguistics* 29 (6).

Sacks H, Schegloff E, Jefferson G. 1974 A Simplest Systematics for the Organization of Turn-taking for Conversation. *Language* 50 (4).

Scheibman, Joanne 2002 *Point of View and Grammar: Structural Patterns of Subjectivity in American English Conversation*. Amsterdam: John Benjamins.

Schiffrin, D. 1987 *Discourse Markers*. Cambridge: Cambridge University Press.

Selting, M., Couper-Kuhlen, E (eds.) 2001 *Studies in Interactional Linguistics*. Amsterdam: John Benjamins Publishing Company.

Shoichi Iwasaki, Foong Ha Yap, 2015 Stance-marking and Stance-taking in Asian Languages. *Journal of Pragmatics* (83).

Susan Hunston and Du Bois, J. W. 2007 The stance triangle. In R. Englebretson (eds.), *Stancetaking in Discourse: Subjectivity, Evaluation, Interaction*. Amsterdam/Philadelphia: John Benjamins Publishing Company.

Thompson, Geoff and Hunston, Susan 2000 Evaluation: an introduction. In Susan Hunston and Geoff Thompson (eds.). *Evaluation in Text: Authorial Stance and the Construction of Discourse*. Oxford: Oxford University Press.

Thompson, Geoff and Laura Alba-Juez (eds.) 2014 *Evaluation in Context*. Amsterdam/Philadelphia: John Benjamins.

Traugott, E. C. & Dasher, R. B. 2002 *Regularity in Semantic Change*. Cambridge: Cambridge University Press.

Verschueren, J. 1999 *Understanding Pragmatics*. London: Edward Arnold.

Wu, R. J. 2004 *Stance in Talk: A Conversation Analysis of Mandarin Final Particles*. Amsterdam/Philadelphia: John Benjamins.

图书在版编目(CIP)数据

基于互动范式的汉语评价立场标记研究 / 张田田著
. —上海：学林出版社，2023
ISBN 978 - 7 - 5486 - 1927 - 7

Ⅰ. ①基… Ⅱ. ①张… Ⅲ. ①现代汉语—研究 Ⅳ.
①H109.4

中国国家版本馆 CIP 数据核字(2023)第 065202 号

责任编辑　王思媛　吴耀根
封面设计　严克勤

基于互动范式的汉语评价立场标记研究

张田田　著

出　　版　**学林出版社**
　　　　　（201101　上海市闵行区号景路 159 弄 C 座）
发　　行　上海人民出版社发行中心
　　　　　（201101　上海市闵行区号景路 159 弄 C 座）
印　　刷　上海商务联西印刷有限公司
开　　本　720×1000　1/16
印　　张　9.5
字　　数　17 万
版　　次　2023 年 4 月第 1 版
印　　次　2023 年 4 月第 1 次印刷
ISBN 978 - 7 - 5486 - 1927 - 7/H・157
定　　价　68.00 元